Élisée Reclus

De l'esclavage aux États-Unis

essai

ISBN : 978-1539188483

10 9 8 7 6 5 4 3 2 1

Élisée Reclus

De l'esclavage aux États-Unis

essai

Table de Matières

1. Le Code noir et les esclaves

Il y a vingt-cinq ans, le parti abolitionniste n'existait pas en Amérique. Les whigs et les démocrates recrutaient également leurs partisans dans les états libres et dans les états à esclaves. Lors des élections générales, ce n'était point la question du travail libre qui passionnait les masses ; des intérêts d'un ordre secondaire, tels que le tarif douanier, les banques, le droit de visite, avaient seuls le privilège d'entraîner les esprits. Çà et là s'élevaient quelques discussions théoriques sur la légitimité de l'esclavage, les citoyens éclairés envisageaient l'avenir avec un certain effroi ; mais nul ne protestait au nom des droits de l'homme, au nom de la conscience outragée, contre l'asservissement des noirs. Sans comprendre que les meilleures causes ne peuvent triompher seules, et qu'il leur faut aussi d'héroïques défenseurs, les meilleurs esprits se contentaient d'attendre des progrès du siècle une heureuse solution du formidable problème.

Les commencements du parti qui vient de l'emporter dans l'élection présidentielle de 1860 furent plus que modestes. Un imprimeur pauvre et sans instruction, mais doué d'une indomptable énergie, William Lloyd Garrison, eut le courage d'entreprendre seul la croisade contre l'esclavage. Réfugié dans un bouge de Boston, il fonda en 1835 le journal le *Liberator*, il réclama la liberté des noirs ; il osa dire que les descendants de Cham et ceux de Japhet étaient frères et pouvaient prétendre aux mêmes droits. Le scandale fut immense. Garrison fut saisi, traîné, la corde au cou, dans les rues de Boston, poursuivi par les huées de la populace, et jeté en prison comme un vil malfaiteur. Il en sortit plus résolu que jamais, et bientôt se groupèrent autour de lui quelques sociétés d'abolitionistes. Dispersées par la force, ces sociétés se reformèrent plus nombreuses. Le parti commençait à poindre çà et là dans les grandes villes ; il osa présenter ses candidats aux élections locales, il réussit à faire nommer un représentant au congrès, puis un sénateur. En 1850, quinze ans après la fondation du *Liberator*, la question de l'esclavage dominait déjà toutes les autres, et le congrès était transformé en un club où on la discutait sans cesse. En 1856 enfin, les anciens partis se brisaient pour laisser le champ libre à la grande lutte des abolitionistes et des républicains unis contre les esclavagistes ; les états du nord adoptaient solennellement une politique différente de celle des états du sud. Vaincus dans l'élection présidentielle de 1856, ils ont été vainqueurs dans celle de 1860. Ce que Washington, à son lit de mort, prévoyait avec un instinct divinatoire semble près d'arriver. Déjà la république est scindée en deux grandes fractions séparées par une frontière géographique ; pour maintenir l'union entre ces deux moitiés hostiles, il ne reste plus que les traditions d'une gloire et d'une prospérité communes, des intérêts commerciaux, et les conseils presque oubliés du *père de la patrie.*

Les événements qui se préparent en Amérique, et qui ouvriront une nouvelle période, la dernière peut-être, du débat sur l'esclavage, sont de la plus haute importance. Les faits les plus considérables de l'histoire contemporaine de l'ancien monde sont d'un intérêt presque secondaire, comparés à la lutte qui doit précéder sur la terre américaine la réconciliation finale des blancs et des noirs. Là sont deux races d'hommes, deux humanités, dirai-je, qui se trouvent enfermées dans la même arène pour résoudre pacifiquement ou les armes à la main la plus grande question qui ait jamais été posée devant les siècles. D'un côté, ce sont les propriétaires du sol, les fils des conquérants, fiers de leur intelligence, de leur âpre volonté, de leurs richesses, issus de cette noble race blanche qui, par la force des armes, du commerce et de l'industrie, s'empare graduellement du monde entier ; de l'autre, ce sont de pauvres esclaves livrés sans défense à leurs maîtres, ne possédant rien, ni le champ qu'ils labourent, ni le vêtement qu'ils portent, réputés infâmes à cause de la couleur de la peau, condamnés au fouet, à la corde ou au bûcher s'ils osent penser à la liberté. Et cependant, si ces êtres ne parviennent pas à conquérir cette liberté sans laquelle on n'a pas même titre au nom d'homme, l'histoire du progrès s'arrête fatalement, les peuples restent voués aux luttes et aux discordes ; les enfants de la même terre continuent à se dévorer les uns les autres, et cette union des hommes entre eux, qui est l'idéal où tend l'humanité, trompera toujours nos espérances.

Le continent de l'Amérique septentrionale forme un imposant théâtre pour ce grand combat. Au centre s'étale le bassin fluvial du Mississipi, le plus beau sans doute du monde entier par la fertilité de son territoire, la douceur de son climat, le vaste développement de ses voies navigables, la rapidité sans exemple de son peuplement et de sa mise en culture. C'est dans ce beau pays, dont une moitié est cultivée par des esclaves, l'autre par des hommes libres, qu'aura lieu, selon toute apparence, la grande mêlée entre les fils de l'Europe et ceux de l'Afrique ; mais les rivages du Pacifique et de l'Atlantique, les deux Canadas, les plateaux et les montagnes des Rocheuses, le Mexique et cette belle traînée d'îles merveilleuses, Cuba, Haïti, la Jamaïque, Porto-Rico, les Antilles du vent et les Antilles sous le vent, sont aussi comme autant de laboratoires sociaux où la question brûlante de l'union des races et de la liberté se représente sous diverses formes. Semblable à un vaste cratère environné de nombreux cônes volcaniques, la république américaine, où peut monter comme une lave le flot de l'insurrection servile, est entourée de diverses régions, les unes où des scories brûlantes sont déjà sorties du sein de la terre, les autres où des tremblements précurseurs annoncent une éruption prochaine. L'histoire contemporaine du continent tout entier se confond avec celle de l'esclavage, et tous les peuples de la terre qui regardent par-delà les océans sont également intéressés à l'issue de la grande lutte, car les hommes sont solidaires les uns des autres ; l'avilissement des esclaves noirs est celui de tous les prolétaires, et leur affranchissement sera la plus belle des victoires pour tous les opprimés des deux mondes. Ainsi le problème de l'esclavage offre en lui-même un intérêt bien plus général que ne semble le révéler au premier abord la récente élection présidentielle.

I.

La condition vraie de l'esclave américain se révèle clairement dans le texte même des codes noirs tels qu'ils ont été promulgués, avec diverses variantes peu essentielles, par les législatures de la Louisiane, des deux Carolines et des autres états du sud. « L'esclave, disent tous ces codes, est la propriété absolue de son maître. » C'est un immeuble que celui-ci peut échanger, vendre, louer, hypothéquer, emmagasiner, inventorier, jouer sur le tapis vert, transmettre en pur don ou par héritage… « La condition de l'esclave étant simplement celle d'un être passif, il doit à son possesseur et à tous les membres de la famille du maître un respect sans limites et une obéissance sans bornes [1]. » Il ne peut rien posséder en son propre nom, rien vendre ou acheter sans l'aveu de son maître ; il ne peut travailler pour son propre compte ; il n'a pas d'existence légale ; il ne saurait plaider en justice ni servir de témoin, si ce n'est contre ses frères accusés de conspiration, et, dans quelques états, contre les économes ou gardiens blancs, toujours soupçonnés par les maîtres et presque rangés avec mépris dans la catégorie des esclaves [2]. Le droit de défense personnelle, qui appartient à tout être humain, n'appartient pas au nègre asservi [3]. Il ne peut monter à cheval ou porter des armes sans une permission expresse. Il n'a pas le droit d'aller et de venir, et ne peut sortir de la plantation ou du quartier qu'il habite sans être muni d'un permis en règle ; même ce permis devient inutile si plus de sept noirs se trouvent ensemble sur la voie publique : ceux-ci sont alors en contravention, et le premier blanc qui les rencontre peut les faire saisir et leur infliger vingt coups de fouet. L'esclave est une chose et non pas un homme, et ceux qui le transportent d'un endroit à un autre sont responsables de de sa perte ou des accidents qui peuvent lui arriver, comme ils le seraient de la perte ou des avaries d'un colis ou de toute autre marchandise [4]. La loi a décrété que les esclaves n'ont pas d'âme ; elle a condamné à mort leur intelligence et leur volonté, elle ne laisse vivre que leurs bras. Les esclaves n'ont pas d'âme ! Tel est le principe qui donne naissance à tant de crimes ; c'est la source impure de laquelle un torrent d'iniquités déborde à grands flots sur l'Amérique.

Les droits des esclaves, si cet auguste mot peut être profané pour des hommes qui n'ont pas la liberté, se rapportent exclusivement à leur vie animale. Tout planteur est tenu de donner chaque mois à son esclave une pinte de sel et un baril de maïs, ou bien l'équivalent en riz, haricots ou autres grains ; au commencement de l'été, il doit en outre faire cadeau à chaque nègre de la plantation d'une chemise de toile et d'une paire de pantalons ; au commencement de l'hiver, il donne des vêtements de rechange et une couverture de laine. Il lui est interdit de faire travailler les esclaves plus de quinze heures par jour en été, de quatorze en hiver [5]. Le repos du dimanche ne peut être ravi aux nègres, à moins que les planteurs ne leur donnent 50 cents pour le travail de cette journée. Il va sans

1. Le Code noir et les esclaves

dire que les maîtres n'ont à rendre aucun compte des coups de fouet qu'ils distribuent ; cependant un article du code noir de la Caroline du sud renferme la clause suivante : « Toute personne qui, de propos délibéré, coupera la langue à un esclave ou lui arrachera l'œil, le châtrera, l'échaudera cruellement, lui brûlera un membre, le privera de l'usage d'une partie de son corps, ou lui infligera quelque punition féroce autre que la peine du fouet, du nerf de bœuf, du bâton, des fers, de la prison et du cachot, sera passible d'une amende pour chacun de ces délits. » Dans la Caroline du sud, cette amende est fixée à 61 dollars 25 cents [6] ; en Louisiane, elle peut s'élever à 200 et même 500 dollars. Cet article offrirait au moins une garantie à l'esclave, si le blanc pouvait être accusé par ses victimes ; mais les noirs n'existent pas devant la loi, et si, par impossible, un autre propriétaire de nègres accusait le planteur criminel, celui-ci pourrait toujours se disculper en affirmant par serment son innocence ; une prime est ainsi offerte à son parjure. Outre la pinte de sel, le baril de maïs, les vêtements d'hiver et d'été, la somme de 50 cents pour le travail du dimanche, la loi ne garantit rien à la personne de l'esclave. Dans l'esprit des législateurs, ces avantages suffisent pour assurer son bonheur matériel. Quant au reste, intelligence, cœur, volonté, tout appartient au maître : qu'il en fasse ce que bon lui semble, la loi n'admet pas ces choses dans l'Africain.

Si la liberté du nègre asservi est nulle, en revanche, par un monstrueux manque de logique, sa responsabilité est grande ; pour les droits il est une chose, mais pour les devoirs il redevient homme ; il est censé moralement libre lorsque sa liberté peut le faire condamner au fouet ou à la mort. La loi et la volonté du maître lui imposent un grand nombre d'obligations et le punissent sévèrement en cas de désobéissance. Ce qui est un crime chez le blanc l'est également chez le nègre ; celui-ci même peut commettre, d'après la loi, toute une série de crimes et de délits au-dessus desquels le blanc se trouve placé par le privilège de sa couleur ; il s'ensuit que les punitions diffèrent complètement, selon qu'elles s'appliquent à un condamné de l'une ou de l'autre race. Les blancs sont en général punis de l'amende ou de la prison ; les nègres ne sauraient payer l'amende, puisqu'ils ne possèdent rien en propre, et leurs maîtres, dont ils sont la chose, le capital vivant, se refusent à les faire incarcérer, à laisser ainsi dormir leur capital sans en recueillir les intérêts. Il ne reste donc plus pour les esclaves, ces gens réputés infâmes, que deux peines infamantes : le fouet et la pendaison. Cette dernière est rarement appliquée, excepté dans les époques d'insurrection, où le danger des blancs exige de rigoureuses mesures de salut public ; d'ordinaire les propriétaires d'esclaves font tous leurs efforts pour empêcher la condamnation de leurs nègres à la peine capitale, car le gouvernement ne leur paie que 300 dollars par tête de condamné, c'est-à-dire au plus le cinquième de ce que cet esclave leur a coûté. Le fouet, cet instrument si commode, les dispense le plus souvent de la triste nécessité de se ruiner en laissant pendre leur propre nègre. On bat, on fouette, on enlève des lanières de chair sans que pour cela l'esclave soit en danger de mort, et après quelques jours de souffrances et de gémissements le torturé recommence son travail dans le champ de cannes ou de cotonniers. Il est vrai que pendant les jours de surexcitation populaire les nègres insurgés ou coupables de meurtre ne peuvent compter sur l'avidité de leurs maîtres ; réclamés à grands cris par la populace ou par les planteurs ameutés, ils sont livrés à la foule et aussitôt pendus à un arbre, déchirés en morceaux ou même brûlés vifs. Dans les derniers temps, ces scènes d'épouvante se sont renouvelées fréquemment au sud des États-Unis, et la terrible loi de Lynch menace de remplacer toutes les autres.

Le texte de la loi ordinaire condamne à mort le nègre qui frappe et blesse son maître, sa maîtresse, leurs enfants ou l'économe blanc qui le dirige, à mort celui qui mutile volontairement un blanc, à mort celui qui pour la troisième fois frappe un blanc, à mort celui qui poignarde ou tire un coup de fusil avec intention de tuer, à mort l'empoisonneur, l'incendiaire, le voleur, le rebelle, au fouet celui qui se promène sans permis, celui qui ose monter à cheval sans autorisation spéciale, celui qui travaille peu au gré de l'économe, celui qui pour une cause ou pour une autre a le tort de déplaire à son maître. L'esclave doit toujours, sans exception, exécuter les ordres du blanc, et pourtant s'il obéit à la parole du maître qui lui ordonne d'incendier le gerbier ou de détruire la maison d'un planteur, il sera fouetté ou souffrira toute autre punition corporelle ; quant au maître il est condamné seulement à payer des dommages-intérêts. Ainsi l'esclave est également coupable dans les deux cas, qu'il obéisse ou qu'il se permette de désobéir ; l'instrument est toujours puni, qu'il soit rebelle ou docile. Quand un esclave a été condamné à une punition quelconque, il ne peut être mis en liberté avant que son maître n'ait payé les frais de poursuite ; si le propriétaire se refuse à payer, le nègre reste indéfiniment prisonnier, coupable de l'insolvabilité du planteur. Tous les jugements portés contre les noirs sont rendus par des tribunaux qui se composent, selon les états, de trois, six ou neuf propriétaires d'esclaves, présidés par un juge de paix et choisis dans la localité même où le crime vrai ou prétendu a été commis ; c'est dire que les accusés sont livrés à la merci de la haine et de la vengeance. Afin de compléter cet aperçu des dispositions du code pénal, ajoutons que, d'après le texte de la loi, le blanc meurtrier d'un nègre est passible de la peine capitale ; mais on comprend que les circonstances atténuantes ne manquent pas pour amoindrir le crime du planteur, accusé et jugé par ses pairs dans une cause qui est en même temps la leur. D'ailleurs cette loi, véritable *réclame* à l'adresse des abolitionistes du nord, se hâte d'ajouter que le blanc coupable seulement d'avoir assassiné un nègre dans un mouvement de colère est passible d'une amende de 500 dollars au plus, et d'un emprisonnement n'excédant pas six mois. Quoiqu'il n'ait jamais été exécuté, cet article du code a soulevé bien des récriminations parmi les hommes du sud, et nombre de jurisconsultes se demandent si le meurtre d'un nègre est vraiment un meurtre.

Dans les états du sud où les prétendus nègres libres n'ont pas été déjà frappés d'un décret de proscription en masse, les affranchis, n'étant protégés par aucun propriétaire, ont encore bien plus que les esclaves à redouter la terrible action des lois qui pèsent sur eux. Ils sont censés libres, mais ils n'ont pas les privilèges des hommes libres ; ils ne peuvent voter dans les comices ni s'occuper aucunement des intérêts politiques ou sociaux de la république ; ils ne siègent pas comme jurés dans les tribunaux, ils ne peuvent même servir de témoins, si ce n'est contre des esclaves ou des hommes de leur caste, et encore sans la formalité d'un serment, trop noble pour être souillé en passant par leurs lèvres[7] ; il leur est défendu de porter des armes sous peine du fouet. D'après le texte de la loi, ils ne peuvent même se couvrir que de vêtements d'étoffes grossières, et, comme des galériens, doivent ainsi se signaler de loin par leur costume ; on s'occupe aujourd'hui de remettre en vigueur ce règlement du code noir, qui était tombé en désuétude. Le nègre libre qui insulte ou frappe un blanc est puni d'emprisonnement ou d'amende, à la discrétion de la cour, suivant l'énormité du crime. S'il est d'abord frappé par un blanc, et qu'il ait l'audace de se défendre et de tuer l'agresseur pour protéger sa propre vie, il est coupable de meurtre et jugé en conséquence [8]. Il ne peut épouser qu'une femme de sa caste ; il lui est défendu de se marier même avec une esclave ; toute union ainsi contractée est qualifiée par la loi de vil concubinage, les enfants qui en proviennent sont illégitimes et ne peuvent hériter de leurs parenys. Pas plus que les esclaves, les nègres et les hommes de couleur libres n'ont l'autorisation d'assister en grand nombre à une réunion de prières avant le lever ou après le coucher du soleil. Passé neuf heures du soir, même lorsqu'ils ne forment qu'une faible partie de l'assemblée, ils n'ont plus le droit d'adorer leur Dieu, et les hommes de patrouille, pénétrant violemment dans leur chapelle, peuvent infliger à chacun d'eux vingt coups de fouet pour avoir osé prier à l'heure où les étoiles brillent au ciel [9].

Ce n'est pas tout : la liberté de circulation, cette liberté si précieuse, surtout en Amérique, est virtuellement interdite aux affranchis. Ils n'ont pas le droit de réclamer de passe-ports, car ils ne sont pas citoyens des États-Unis, et tout récemment encore une dame de sang-mêlé à laquelle on avait par méprise accordé un passe-port américain ne put le faire viser à Londres par le ministre de sa patrie. Suspects à cause de leur couleur, qui les fait prendre pour des esclaves, les affranchis ne peuvent voyager hors de leur commune sans s'exposer à la prison, ou bien aux insolences des blancs qu'ils rencontrent. Dans le Tennessee, on ne leur permet pas de voyager en wagons de chemin de fer à moins qu'un planteur ne fournisse pour eux une caution de 1,000 dollars. S'ils ne consentent à s'exiler complètement du territoire de la république américaine, ils sont de fait internés dans le lieu de leur résidence, et ne peuvent élire domicile dans un autre état à esclaves, sous peine d'être fouettés une première fois et d'être vendus aux enchères en cas de récidive. Hors du lieu de leur résidence, le premier venu peut les voler ou les vendre, car, en vertu d'une décision récente de la cour suprême des États-Unis dans l'affaire de l'esclave Dred Scott [10], « les nègres

1. Le Code noir et les esclaves

libres n'ont aucune espèce de droits que les blancs soient tenus de respecter. Ils peuvent justement et légalement être réduits en esclavage pour le profit du blanc. » Tout homme de couleur ou nègre libre, arrivant dans un port du sud à bord d'un navire quelconque, en qualité de cuisinier, de maître d'hôtel ou de matelot, est immédiatement transféré dans la prison de la ville, et le capitaine doit promettre de le reprendre à son bord en fournissant une caution de 1,000 dollars pour répondre du paiement des frais occasionnés par l'emprisonnement. S'il ne remplit pas toutes ces obligations, il peut être condamné à 1,000 dollars d'amende et à six mois de prison [11]. Telles sont les lois sévères que les législateurs des états du sud ont décrétées depuis quarante ans déjà, afin d'éviter les dangers dont la liberté des affranchis menace la sécurité des blancs.

Récemment encore, plusieurs sociétés composées d'esclavagistes-bienveillants, désirant arriver au même but en se débarrassant des esclaves libres, proposaient de leur faire un pont d'or pour les attirer hors du territoire de la république ; elles frétaient des navires afin de les envoyer à Saint-Domingue, à Libéria, au cap Palmas ; elles ne cessaient de proclamer avec emphase la prospérité des républiques nègres de la côte de Guinée ; elles prêchaient les avantages de la liberté sur la terre d'Afrique avec autant de ferveur que ceux de l'esclavage sur la terre d'Amérique. Toutefois les nègres libres qui ont prêté l'oreille à ces conseils doucereux sont au nombre de quelques milliers à peine, et, sous le souffle de ce vent de haine qui passe sur la république, les aristocraties de ces états à esclaves se croient obligés de prendre des mesures effrayantes de salut public afin d'exterminer le crime irrémissible de la liberté. Le mal s'aggrave nécessairement par le mal : chaque crime des blancs contre les noirs ne peut être pallié que par un autre crime. Il n'est pas dans la langue humaine de mots pour exprimer l'atrocité des nouveaux décrets portés contre les nègres libres. D'atroces mesures que des énergumènes seuls osaient proposer il y a quelques années sont maintenant votées avec un formidable ensemble par la caste entière des planteurs : exil, esclavage et mort sont les seuls mots qu'on prononce aujourd'hui dans ces terribles assemblées législatives. Laissons parler le texte même des décrets dans sa hideuse éloquence.

Dans le courant de l'année 1859, la législature de l'Arkansas a voté une loi bannissant tous les nègres libres du territoire de l'état. Tous les proscrits qui n'avaient pu se résoudre à quitter leurs foyers avant le 1er janvier 1860 ont été mis aux enchères et vendus comme esclaves. Les deux chambres de la législature du Missouri ont adopté une loi de même nature, condamnant à la servitude tous les nègres libres trouvés sur le territoire de l'état à partir du 1erseptembre 1861. En outre, tout nègre libre d'un autre état qui s'introduira dans le Missouri et y séjournera plus de douze heures sera immédiatement vendu comme esclave. La législature de la Louisiane a tenu à honneur de voter une loi semblable. Les planteurs du Mississipi, beaucoup plus pressés que ceux de la Louisiane et du Missouri, n'ont donné aux nègres libres que six mois de répit, du 1er janvier au 1er juillet 1860 ; mais, se souvenant à temps de leurs devoirs de *républicains*, ils ont décidé que le produit de la vente des hommes libres serait employé à fonder des écoles pour les enfants pauvres. Les législateurs de la Georgie se sont hypocritement contentés de condamner tous les nègres libres convaincus de paresse ou d'immoralité à un an d'esclavage, et, en cas de récidive, à la servitude pour la vie. Ils ont en outre décidé que les affranchis condamnés, pour un délit vrai ou prétendu, à payer une amende qu'ils ne pourraient acquitter seraient vendus aux enchères pour le compte du trésor. Les chambres législatives d'autres états ont eu également à délibérer sur des projets de loi de cette nature, et tout fait présager qu'avant peu de temps le droit public aura consacré l'esclavage de tout homme ayant la peau noire ou foncée. Encore plus francs dans leur férocité que les planteurs de l'Arkansas et du Missouri, les habitants du Maryland ont couvert de signatures une pétition demandant que les soixante-quinze mille nègres libres de l'état soient immédiatement réduits en esclavage et distribués entre les citoyens blancs. Cette proposition est fondée « sur les intérêts sociaux et industriels de l'état, la destinée manifeste de la race nègre et les droits inaliénables des blancs. » Quant aux raisons invoquées, elles se réduisent aux deux affirmations suivantes qui semblent contradictoires, mais que la haine et l'avarice cherchent à mettre habilement d'accord : « 1° le nègre libre ne travaille pas, se corrompe dans l'oisiveté, et notre devoir est de le moraliser par l'esclavage ; 2° par son travail, le nègre fait concurrence au travailleur blanc. La conservation de nos justes prérogatives exige que cette concurrence immorale cesse au plus tôt. » La législature du Maryland n'a pas accédé aux vœux des pétitionnaires ; mais elle a autorisé les blancs à faire travailler les enfants noirs, sans demander le consentement de leurs parents ; en outre, elle a voté une loi qui permet aux personnes de couleur de renoncer à leur liberté. Cette effrayante permission ressemble à un ordre.

Par suite de la haine inflexible des esclavagistes contre les affranchis, l'émancipation d'un noir est présentement à peu près impossible. Autrefois la volonté du propriétaire suffisait, et le plus souvent les planteurs, en mourant, donnaient la liberté à un ou plusieurs nègres favoris ; mais depuis que l'agitation abolitioniste a fait tant de progrès, on a pris des mesures dans tous les états à esclaves pour empêcher les affranchissements. Bien longtemps avant qu'on eût proposé les lois récemment votées contre les nègres libres, la législature de la Louisiane avait défendu à tout propriétaire d'émanciper un nègre âgé de moins de trente ans ; dans le cas où il accordait la liberté à l'un de ses noirs, le propriétaire devait obtenir l'assentiment de tous les planteurs ses voisins et s'engager à nourrir l'affranchi. Dès 1820, les chambres de la Caroline du sud décidèrent qu'aucun nègre ne serait émancipé sans un acte spécial de la législature. En 1841, ces mêmes chambres déclarèrent nuls et sans effet tous actes ou testaments par lesquels un planteur enverrait un ou plusieurs esclaves dans un autre état, afin de les y faire émanciper. Des mesures semblables ont été décrétées par les autres législatures du sud, et aujourd'hui, dans la plupart des états, un blanc ne peut affranchir son esclave, à moins d'exiler en même temps du territoire de la république le nègre qu'il affectionne. Washington mourant ne pourrait plus donner la liberté à ses esclaves. Seuls entre tous, le noir qui révèle une conspiration est émancipé par ordre des chambres ; le traître à sa cause est le seul qui mérite la liberté.

Si les lois déjà promulguées et celles que l'on discute sont d'une rigueur sans exemple contre les nègres libres, elles ne sont pas moins sévères contre ceux des blancs qui fraient d'ordinaire avec les nègres. Celui qui joue à n'importe quel jeu de hasard avec un homme de couleur, esclave ou libre, ou bien seulement celui qui assiste sans rien dire à un jeu de cette espèce entre des personnes de couleur perd pour ainsi dire sa qualité de blanc devant la loi, et, comme un vil nègre, est condamné à recevoir trente-neuf coups de fouet ; en outre, il est puni de la prison et paie une amende, dont la moitié est destinées au dénonciateur [12]. Quant aux abolitionistes, ils sont l'objet de la haine toute spéciale des codes noirs. Sont condamnés à mort tous ceux qui, en paroles, en actes, par écrit ou de toute autre manière, ont conseillé à un ou plusieurs esclaves de s'insurger, à mort ou aux travaux forcés pour la vie tous ceux qui, par lettres, brochures ou imprimés quelconques, publient quoi que ce soit pouvant produire un certain mécontentement parmi les noirs libérés ou pousser les esclaves à l'insubordination, à mort ou aux travaux forcés de cinq à vingt et un ans tous ceux dont le langage, les signes ou les actions pourraient exciter une certaine irritation parmi les nègres libres ou les esclaves, tous ceux qui sciemment introduisent dans l'état des journaux, brochures ou livres contraires à l'institution de l'esclavage. Celui qui enlève un esclave ou le cache pour le faire échapper est passible de trois à sept ans de travaux forcés ; celui qui enseigne ou permet d'enseigner à n'importe quel esclave à lire ou à écrire doit subir, d'après la loi, de un à douze mois de prison ; celui qui donne asile à des esclaves en fuite est plus coupable : il est condamné à un emprisonnement de six mois à deux ans, et à une amende de 200 à 1,000 dollars [13].

Telles sont aujourd'hui les dispositions principales des codes noirs ; elles montrent d'une manière irrécusable de quel esprit les législateurs élus qui devaient représenter la conscience de la nation sont animés envers la race asservie. Mais à quoi sert de discuter les articles de ces codes ? Il n'est plus de code ni de loi ; les passions furieuses règnent seules dans les états du sud. À chaque nouvelle session, les législatures esclavagistes rétractent comme trop douces les lois déjà terribles de l'année précédente et votent des mesures féroces contre les nègres libres, les abolitionistes, les suspects de toute couleur et de toute origine. Lorsqu'une écluse est rompue, l'eau se précipite furieuse, emportant les pierres, les langues de sable, les îles déposées dans le courant ; de même la haine et la rage des planteurs débordent maintenant comme une cataracte, entraînant tout dans l'immense débâcle, les droits, les devoirs, la moralité, la pudeur ; des lois impitoyables sont adoptées sans débat, l'exil ou la mort sont votés sans délai ; par mesure de salut public, la justice et le bon sens sont mis à l'écart. C'est l'esprit

1. Le Code noir et les esclaves

de vertige qui domine aujourd'hui, poussant ceux qu'il veut perdre sur la pente des abîmes.

Les lois sont en réalité une lettre morte ; le maître ne rend compte à personne de ce qu'il fait, il est dans sa plantation comme un capitaine à bord de son navire, et il fait à sa guise le trafic de ses travailleurs mâles et femelles. Qui viendra l'accuser, lorsqu'en violation flagrante de la loi, il aura séparé de sa mère un enfant de sept ans ou refusé au père infirme le droit de choisir l'enfant qui doit l'accompagner sur une plantation éloignée ? Aucun de ses confrères n'oserait élever la voix contre lui, car ils sont tous ses complices, et d'ailleurs l'accusé peut à son aise se disculper en niant le délit par serment. Quant aux nègres, ils ne sauraient se plaindre, puisqu'ils n'ont pas d'âme, puisque leurs plaintes et leurs murmures sont emportés par le vent qui passe. Dans les états du nord, où la loi n'est pas représentée comme en Europe par des légions de magistrats, de gendarmes, d'officiers de police, d'innombrables employés, et au besoin par des milliers de soldats, artilleurs, cavaliers et fantassins, elle n'a pour se défense que sa propre majesté et le respect des citoyens. Là tout homme est magistrat, et pour empêcher la société de s'écrouler par son propre poids, il doit prêter main-forte à l'exécution des décrets rendus au nom du peuple souverain. Tous sont également dominés par cette volonté suprême avec laquelle se confondent les idées même de patrie et de liberté ; mais dans les états à esclaves les planteurs sont placés au-dessus de la loi, qui n'a été faite que pour eux et par eux ; chacun la modifie au gré de sa passion ou de son intérêt. Souvent, par avarice, le propriétaire viole en faveur de son nègre la loi qui condamne celui-ci à mort ; mais dans un moment de colère il viole également la loi morale, bien autrement impérieuse, qui lui recommande envers son esclave la douceur et l'équité. Il n'est pas de garanties pour les nègres, livrés pieds et poings liés à leurs maîtres : que ceux-ci observent la loi ou bien qu'ils la négligent, ils agissent toujours de leur plein gré, ils n'en sont pas moins des souverains absolus. Aussi le texte même du code n'a-t-il guère qu'une signification relative en montrant combien peu la morale publique concède au nègre les droits de l'homme. Abandonnés par la loi, par les mœurs, par la tradition, à la volonté absolue d'un seul, s'abandonnant eux-mêmes à tous les ignobles vices de l'esclave, les nègres asservis ne peuvent mettre leur espoir qu'en la générosité ou le mépris de leurs maîtres. À force de se faire petits et bas, peut-être échapperont-ils aux caprices et aux fantaisies de cette volonté qui les tient enchaînés.

L'intérêt, disent les esclavagistes et serait-on tenté de le dire avec eux, l'intérêt le plus évident, commande aux planteurs de bien traiter leurs nègres, de leur donner une nourriture suffisante, des vêtements convenables, de les soigner dans leurs maladies. Les nègres sont un capital pour le propriétaire, et celui-ci doit les préserver de tout mal, afin d'en retirer un bénéfice considérable. En effet, nous croyons que d'ordinaire les planteurs ont assez l'intelligence de leurs intérêts pour ne pas écraser leurs nègres de travail et leur procurer, au point de vue matériel, une vie aussi confortable que celle de nos manœuvres et journaliers d'Europe. Il est rare que les possesseurs d'esclaves les fassent travailler quatorze et quinze heures, ainsi que le permet la loi ; le plus souvent ils ajoutent un peu de poisson salé à la fade nourriture que les règlements stipulent pour les nègres ; ils varient selon les saisons l'hygiène des esclaves afin de les préserver de la *géophagie*, cette maladie fatale si commune chez les Africains asservis, et qui se révèle par un besoin irrésistible de manger de la terre, de l'argile, de la brique pilée. Quelques planteurs prêtent aussi de petits lopins de terre où les noirs peuvent, le dimanche, cultiver du maïs et des pommes de terre ; ils leur permettent d'élever des poules, des cochons et d'autres animaux domestiques ; ils achètent les produits des jardinets, prennent soin de la propreté des cases, paient à la tâche et non à la journée les nègres qui travaillent le dimanche sur la plantation. Si des soins de cette espèce sont les seuls qu'un maître doive à ses subordonnés, nul doute que bien des planteurs puissent revendiquer le titre de pères de leurs esclaves ; mais les créoles ne sont-ils pas des hommes comme les autres et n'ont-ils pas aussi leurs passions ? Ne peuvent-ils pas se laisser emporter par l'orgueil, un désir tyrannique, la colère, la férocité ?

Les esclaves n'ont pas seulement à redouter le maître, mais bien plus encore ses agents. L'économe, blanc humilié de sa position subordonnée, est d'autant plus sévère est despotique ; il se sent relevé à ses propres yeux par les souffrances qu'il fait endurer à sa chiourme d'esclaves. Le commandeur, nègre comme les autres, mais armé du fouet souverain, aime à le brandir sur le dos de ses rivaux ou de ses ennemis personnels, et souvent il descend jusqu'à des rapports mensongers pour satisfaire ses vengeances ; en outre, pour plaire à l'économe et au maître, il aggrave sans pitié le travail des nègres qu'il commande [14]. Les membres de la famille du maître sont également redoutables pour les pauvres nègres. Ainsi le petit créole bat le négrillon qui le sert sans penser qu'il endommage son capital ; la jeune dame élégante et vaporeuse fait fustiger sa femme de chambre sans voir dans ce traitement une grande perte pour la fortune de son père ou de son mari. Avec la perversité que les femmes méchantes apportent dans le crime, on ne doit pas s'étonner que les plus grandes atrocités de ce genre aient été commises par des femmes hystériques ou jalouses poussant la haine jusqu'aux dernières limites de la cruauté. On m'en citait une qui gardait toujours son fouet dans la main, et même à l'heure des repas l'attachait au poignet, afin de pouvoir frapper en mangeant. Une autre, torturée sans cesse par des ressentiments d'amour, faisait enchaîner chaque nuit une mulâtresse au pied de son lit, et son premier acte, au moment du réveil, était de saisir un fouet et d'en cingler les chairs de l'esclave. Une troisième dame, charmante et d'une amabilité suprême, avait à demi enterré des négresses au fond d'une cave et leur brûlait périodiquement les entrailles avec un fer rouge. Il est vrai que la populace insurgée de la Nouvelle-Orléans assaillit la demeure de cette furie ; malgré la résistance de quelques créoles, la foule mit en liberté les corps à demi putréfiés, mais encore vivants, qui s'agitaient dans leurs chaînes, et livra aux flammes cette maison d'infamie. Si la loi de Lynch ne fût pas intervenue pour mettre un terme à de pareilles atrocités, il est probable que la loi officielle n'eût rien fait ; tout au plus se fût-elle hasardée à infliger une légère amende.

II.

Souffrances physiques ou maladies ne sont rien cependant en comparaison de l'avilissement moral, car elles n'atteignent que l'individu, tandis que la dégradation de l'âme corrompt toute la population esclave, pourrit jusqu'au cœur non-seulement la génération présente, mais encore celles qui sont à venir, corrode la race tout entière jusque dans ses germes de renouvellement, et justifie les oppresseurs à leurs propres yeux en pétrissant de plus en plus les esclaves pour la servitude. Le nègre frappé est atteint dans son âme bien plus que dans son corps ; il a honte de lui-même, il n'ose plus lever les yeux sur celui qui l'a battu, sur ceux qui ont entendu ses hurlements, sur ses enfants, qui assistaient immobiles au supplice. S'il se relève désormais, ce ne sera plus par la dignité ou par un noble orgueil, ce sera par l'insolence et l'impudeur. Se méprisant lui-même, méprisant les autres, il n'aura plus de respect que pour le fouet sous lequel il se courbe ; s'il ose haïr son maître, ce sera d'une haine brutale, envieuse et rampante ; il n'aura d'autres armes que la ruse et le mensonge, d'autres joies que de grossières voluptés physiques. Le résultat sera presque le même si les nègres sont traités avec douceur ; que le maître leur donne abondamment la nourriture quotidienne, qu'il les fasse danser tous les dimanches au son des castagnettes et du tambourin, qu'il leur mesure largement des rations d'eau-de-vie, là s'arrête sa générosité, et l'esclave reste toujours esclave, c'est-à-dire un être inférieur. Bien rares sont ceux qui, se voyant opprimés, regardent leurs maîtres avec un mépris tranquille et se sentent au-dessus d'eux, parce qu'ils n'ont pas commis le crime d'acheter et de vendre leurs semblables. Si les nègres ne sont pas encore arrivés au dernier degré de la bassesse et de l'infamie, s'ils sont encore presque tous, malgré leurs vices, naïfs, aimants, sensibles, c'est que la nature a des ressources infinies, et que les éléments de régénération existent toujours tant que la vie elle-même n'a pas disparu.

L'avilissement le plus complet, la suppression de tout amour-propre, l'anéantissement de l'existence intellectuelle et morale, telle est la suprême ressource, le moyen sûr de trouver dans les hontes de l'esclavage une sorte de volupté bestiale. Les fakirs hindous cherchent à se perdre dans le grand néant divin en gardant leurs regards constamment fixés sur un même point lumineux. C'est au contraire en fermant leurs yeux à la lumière que les nègres arrivent à cet état bienheureux de l'oubli de toutes choses. L'esclavage est le vrai fleuve du Léthé : celui qui en a bu l'eau noire s'oublie lui-même ; ses bras travaillent sans être dirigés par une âme ; ses membres saignent sous les coups de fouet, mais il ne s'en plaint pas ; la nature souriante et libre le convie à ses fêtes, mais il ne voit rien, courbé sur son sillon. Il n'a point d'amour-propre parce qu'il ne s'appartient pas à lui-même, point d'ambition, puisqu'il n'a pas d'avenir, point d'énergie, puisqu'il n'a pas de but, point de volonté, puisqu'un autre veut pour lui. Il n'a aucune des qualités qui distinguent l'homme, puisqu'il n'est pas un homme ; il se change en chose. Il ne comprend d'autre société qu'une société de maîtres et d'esclaves, d'autres rapports entre eux que le fouet, et l'esclavage cessât-il soudain, son premier soin serait de se choisir un maître ou de le devenir à son tour. Si la tyrannie disparaissait de la terre, on la retrouverait dans l'âme d'un esclave.

C'est parmi les nègres abrutis, hideux produits de l'esclavage, qu'on rencontre souvent ce type popularisé par les récits américains du noir sale, paresseux et satisfait, que le fouet engraisse, qu'un colifichet amuse, qui s'étale au soleil comme un lézard, se roule dans la poussière comme une bête de somme, méprise sa race et vante son maître à l'égal d'un dieu. Son seul amour-propre consiste dans l'ornement de sa beauté extérieure, l'une des choses pour lesquelles on le prise et on l'achète ; sa seule ambition est d'être vendu cher ; il s'estime lui-même en dollars et en cents. Quand arrive le jour de la vente, ses yeux brillent, sa poitrine est oppressée ; l'attente et la joie l'empêchent de parler. Les enchères qui vont l'enlever à sa famille et à sa patrie fixent enfin sa vraie valeur, et lui permettent de se vanter en proportion. Un jour, dans un marché d'esclaves de la Virginie, un nègre monté sur l'estrade s'offrait lui-même aux acheteurs : « Je suis un bon nègre, je suis charpentier, charron, mécanicien, jardinier, cordonnier ; je sais tout faire ! J'aime mes maîtres et je leur obéis toujours ! Jamais on n'a besoin de me donner un coup de fouet ! » Influencés par les vantardes exclamations de l'esclave, les planteurs offrent à l'envi des prix de plus en plus élevés ; enfin il est adjugé pour une somme d'argent très considérable. Aussitôt après, un nègre fort, bien bâti, mais nonchalant et peut-être triste, gravit les degrés de l'estrade et promène ses regards vitreux sur la foule des acheteurs. Cet homme d'apparence endormie ne plaît que médiocrement, l'encanteur fait de vains efforts pour le vendre à un prix élevé, et son compagnon triomphant s'écrie : « Ah ! mauvais *nigger* ! je suis un bon nègre, et tu n'es qu'un fainéant ! » Tel est le genre d'amour-propre que les planteurs aiment à voir chez ceux qu'ils appellent de bons sujets. Quelques-uns de ces esclaves

Élisée Reclus

modèles épousent complètement les préjugés des blancs sur leur propre race. « Il faut pendre tous les nègres, moi tout le premier », entendais-je souvent répéter très sérieusement à un vieux noir créole qui avait servi son maître pendant soixante années, et pour ce sacrifice de toute sa vie ne croyait mériter que la corde.

De même que pendant longtemps il a été de mode en France d'envier le sort du pauvre, qui dans son humble cabane vit loin des grandeurs et du tumulte des villes, et voit couler ses jours tranquilles comme l'onde d'un ruisseau, de même les planteurs ont l'habitude d'envisager le sort de leurs esclaves comme vraiment délicieux. Ecoutons l'un des principaux orateurs du parti esclavagiste, M. Hammond, ancien gouverneur de la Caroline du sud, aujourd'hui sénateur au congrès :

« Bien que fondé sur la force, l'esclavage peut développer et cultiver les sentiments les plus tendres et les plus aimables du cœur humain. Notre système patriarcal de servitude domestique est bien fait pour réveiller les plus hautes et les plus délicates aspirations de notre nature. Lui aussi a ses enthousiasmes et sa poésie. Les liens qui rattachent le chef le plus aimé et le plus honoré à ses sujets les plus fidèles et les plus obéissants, ces liens qui depuis l'époque d'Homère ont toujours été le sujet des épopées ne sont que des relations froides et sans poésie, comparées à celles qui existent entre le maître et ses esclaves. Ceux-ci ont servi son père, ont agité son berceau, ou bien ils sont nés dans sa maison, et rêvent au bonheur de servir ses enfants ; ils sont pendant toute leur vie les soutiens de sa fortune et les objets de ses soins ; ils partagent ses tristesses et attendent de lui leurs consolations ; dans leurs maladies, ils lui doivent les remèdes et la guérison ; pendant leurs jours de repos, ils sont réjouis par ses dons et par sa présence ; jamais la sollicitude du maître ne les abandonne, même lorsqu'il est éloigné d'eux, et quand il revient au milieu des siens, il est toujours accueilli par des cris d'amour. Dans ce monde égoïste, ambitieux, calculateur, il est peu de relations plus cordiales et plus douces que celles du maître et de l'esclave réunis entre eux par un lien d'affection attaché depuis l'origine des temps par l'Éternel lui-même. Puisque le bonheur est l'absence de peines et de soucis, — définition vraie pour la grande majorité des hommes, — je crois que nos esclaves sont les quatre millions d'hommes les plus heureux qu'éclaire le soleil.

1. Le Code noir et les esclaves

Satan s'introduit dans leur Éden sous la forme d'un abolitioniste. »

Ainsi le paradis terrestre existe, il existe pour les nègres esclaves et bien naïfs sont ceux qui le cherchent dans l'antiquité des âges ou dans un futur millénium. Il est certain, — la nature humaine le dit assez, — que des milliers et des milliers d'esclaves sont heureux de leur servitude, et, comme autant de chiens, lécheraient avec joie les pieds de leurs maîtres. Habitués dès l'enfance à considérer comme un dieu le blanc superbe et riche qui leur donne le pain et le vêtement, se méprisant eux-mêmes à cause de leur couleur, de leurs gros traits, de leur pauvreté, de leurs sales habits, ils adorent avec un enthousiasme mêlé d'effroi cet homme qui est le maître de tous, qui distribue à son gré les punitions et les récompenses, habite un palais fastueux, donne à ses amis des fêtes élégantes, et peut, s'il le désire, se dispenser complètement de toute occupation. Placé dans une sphère plus haute et comme en pleine lumière, le maître auquel viennent s'offrir toutes les jouissances de cette terre apparaît comme le distributeur de toutes les grâces, et les nègres naïfs ne cessent d'être plongés, à la pensée de ce souverain, dans un état d'admiration profonde. Et si, par une condescendance rare, le maître daigne témoigner quelque bonté envers le pauvre nègre, s'il laisse tomber un rayon de son regard sur le déshérité, s'il met une certaine douceur dans sa voix, alors l'admiration se change souvent enfanatisme, et l'esclave donne sans arrière-pensée son âme et son corps.

C'est parmi les femmes attachées particulièrement au service de la maison qu'on rencontre le plus d'esclaves absolument dévouées à la personne du maître et aux membres de sa famille. On sait que pendant l'insurrection de Saint-Domingue presque tous les créoles qui purent échapper au massacre durent leur salut à l'affection de quelque vieille négresse. Il en serait de même dans les États-Unis du sud, si jamais une guerre servile devait y éclater. Alors les belles créoles et les superbes planteurs, menacés par le fer et le feu, auraient recours à leurs anciennes esclaves, et celles-ci risqueraient cent fois leur vie pour sauver celles de leurs maîtres. Élevées dans la maison avec les jeunes demoiselles et les jeunes garçons, elles ont grandi en même temps qu'eux, elles ont assisté à leur mariage, elles ont pris une part subordonnée à toutes les joies et à toutes les tristesses domestiques, elles sont devenues comme une partie de la famille, dont elles prennent le nom. Ne fût-ce que par vanité, — cette passion si puissante sur les nègres, — elles seraient heureuses de leur esclavage ; mais ces pauvres femmes obéissent aussi à de plus nobles mobiles ; gardant au fond du cœur, malgré leur servitude, toutes les vertus féminines de tendresse et de bonté, elles se dévouent sans arrière-pensée. Elles reportent leurs sentiments d'amour filial sur ces maîtres qui les ont nourris, leurs instincts d'amour maternel sur les enfants qu'elles ont allaités ou soignés dans leur bas âge. Même quand elles ont des enfants de leurs maris esclaves, il est rare qu'elles n'aient pas un amour plus impérieux pour les enfants blancs de la famille du planteur que pour leur noire progéniture. Dans les moments de danger, leur plus grande sollicitude est toujours excitée en faveur de leur petit maître. Le dévouement de ces négresses est souvent reconnu ; par la force même des choses, elles deviennent graduellement indispensables à la famille ; parfois elles sont même considérées comme des amies, et dans le cercle intime peuvent s'asseoir à la table de leurs maîtresses. Mais aussi quel large mépris ces Africaines montées en grade déversent-elles sur la race maudite condamnée à l'esclavage ! Les *nègres de champ* ou travailleurs leur font lever le cœur de dégoût, et bien qu'elles soient noires elles-mêmes, elles se consolent en pensant qu'au fond leur âme est blanche. Les abolitionistes, dont on leur a raconté des histoires terribles, les effraient autant que les loups-garous effrayaient nos trisaïeules, et l'on en cite plusieurs qui, voyageant avec leurs maîtresses dans les états du nord, n'osaient faire un pas hors de leur chambre d'hôtel de peur d'être enlevées par ces brigands farouches qui veulent absolument imposer la liberté aux esclaves. Quelle serait l'insondable tristesse de la pauvre négresse, si on lui donnait l'indépendance, si on l'enlevait au foyer qui l'a vue naître, si on l'éloignait de cette famille qui la possédait et à laquelle elle avait donné son âme ! Comme l'animal domestique, elle s'est attachée aux murailles elles-mêmes, aux arbres du jardin, aux barrières qui entourent la maison et la séparent du camp des nègres. Si on la libérait de force, elle mourrait peut-être de désespoir après avoir rôdé longtemps autour des murs chéris qui l'ont enfermée. Elle mourrait en maudissant ses frères les nègres, et son dernier souffle d'amour s'envolerait vers ses maîtres adorés ; son vœu le plus cher serait de revivre esclave

1. Le Code noir et les esclaves

comme elle a vécu.

Ces grands dévouements, dont il s'offre plus d'un exemple parmi les négresses créoles blanchies au service d'une famille de génération en génération, sont bien rares parmi les négresses et surtout parmi les nègres employés aux champs ; cependant, même pour la plupart de ceux-ci, l'amour servile se mélange de la manière la plus étrange à la haine. Ils haïssent leur maître parce que sans son ordre ils ne seraient pas obligés de travailler, et cependant ils l'aiment parce qu'il est riche et puissant, parce que leur gloriole enfantine est flattée de voir ses beaux chevaux et ses équipages, parce qu'ils ne peuvent s'empêcher d'éprouver un vague mouvement de sympathie pour celui qui leur distribue le maïs, la viande et le brandy. Un planteur, parlant de ce mélange de haine et d'amour que ses esclaves éprouvaient pour lui, me disait : « Vous voyez ces noirs, ils me détestent tous ; si je tombais à l'eau, les deux tiers d'entre eux s'y jetteraient après moi pour me sauver ! » Il faut bien se garder ainsi de prendre au sérieux les acclamations et les hourrahs sans fin que les esclaves poussent en l'honneur de leurs maîtres les jours de fête, lorsque des flots d'eau-de-vie ont coulé. Les nègres sont comme les enfants, tout entiers à l'impression du moment ; aujourd'hui ivres d'enthousiasme pour leurs maîtres, demain fous de rage contre ces mêmes blancs qu'ils aimaient tant la veille. On a vu récemment par l'insurrection des cipayes [15] ce que sont les peuples enfants ; il a fallu peu de chose, une simple fièvre, dirait-on, pour transformer en tigres altérés de sang des hommes bons et doux qui d'ordinaire n'osent pas même attenter à la vie de l'animal.

Cependant on donne comme un argument en faveur de l'esclavage cet amour servile qui est en réalité l'un des griefs les plus forts que l'on puisse élever contre ce déplorable système. Il est vrai, souvent les nègres américains préfèrent la servitude à l'affranchissement ; mais cela prouve simplement que la prétendue liberté des affranchis est une chose terrible en Amérique, puisque les nègres demandent un refuge contre elle dans un éternel esclavage. Un sénateur américain annonçait un jour à ses dix esclaves qu'il allait leur donner la liberté. Épouvante soudaine parmi ces malheureux, larmes, supplications, désespoir ! « Que pourrons-nous faire désormais ? Nous allons abandonner cette maison où nous avons du maïs, de la viande et des fruits, et nous allons être jetés sans ressources dans le monde, surveillés par les yeux jaloux des blancs, traqués dans tous les métiers que nous voudrons exercer, emprisonnés à la moindre infraction, en butte au mépris des passants. O maître, sauvez-nous de la liberté. Nous voulons être esclaves ! » Le planteur trop charitable eut grand'peine à libérer ses dix nègres, et probablement ceux-ci, pourchassés par les blancs, leurs nouveaux concitoyens, lui en gardèrent une impérissable rancune. En effet, la liberté ne consiste pas dans le privilège de travailler ou de mourir de faim chez soi, sans avoir à craindre le bâton d'un commandeur ; pour être libre, il faut oser regarder en face tout homme qui passe, pouvoir sans crainte rendre au blanc amour pour amour, mépris pour mépris, haine pour haine. Et puis les lâches dépravés par une longue vie de servitude trouvent l'esclavage si commode ! Ils ont leur destinée toute faite et n'ont pas à lutter dans le grand combat de la vie. Celui qui a le bonheur d'appartenir à autrui n'a pas besoin de s'occuper de sa vie de chaque jour, on lui donne du maïs et du poisson. Les peines de l'amour doivent peu le chagriner, on lui fait présent d'une femme. Il n'a point les soucis de la paternité, un maître se charge d'acheter ses enfants et de les nourrir. La pensée n'obsède pas son cerveau, on lui commande, et il n'a qu'à obéir sans réflexion ; il est gras et content, et méprise l'homme libre que la misère amaigrit. Ainsi chagrin, soucis, pensées, volontés, tout peut sommeiller chez lui. Pourvu que ses bras travaillent, tout son être moral ou intelligent peut reposer dans la plus complète inaction : un dieu veille sur lui. Des esclaves libérés sont revenus des colonies d'Afrique pour mendier de leurs anciens maîtres la faveur d'un nouvel esclavage. Les fièvres, les insectes, les difficultés d'un nouvel établissement les avaient rebutés ; comme des chiens fidèles, ils venaient reprendre le doux collier qu'ils avaient porté pendant leur enfance ; ils aimaient leurs chaînes, ils adoraient leurs menottes. Et c'est là cet ignoble bonheur, semblable à la volupté de l'animal qui se traîne dans le fumier, qu'on ose invoquer en faveur de l'esclavage ! Mieux valent cent fois les nègres dont le sang bouillonne de rage, au moins ceux-là ont-ils conservé l'amour de la liberté ; ils sont vaincus, mais non pas avilis.

La population de couleur des États-Unis augmente dans une proportion plus forte que la population blanche, déjà si rapidement progressive [16]. Si les nègres d'Amérique étaient libres, cet énorme surplus des naissances sur les morts prouveraient sans doute qu'ils jouissent d'un certain bien-être, mais ils ne doivent être considérés que comme autant de chevaux ou de têtes de bétail, et le nombre de bras qui se trouvent dans toutes les plantations des états du sud témoigne seulement de la richesse des maîtres. Les nègres multiplient rapidement, parce que les planteurs s'intéressent à la production de cette partie de leur fortune ; des croisements heureux, une nourriture appropriée, l'esclavage abrutissant, valent mieux que la liberté et les durs combats de la vie pour faire pulluler de nombreux enfants. Chaque bon nègre valant de 7,000 à 15,000 fr., comment le maître soigneux de ses intérêts ne donnerait-il pas toute son attention à l'élève des esclaves ? Dans la Virginie, ce grand haras de l'Amérique, d'où l'on exporte chaque année de dix mille à vingt-cinq mille travailleurs vers les marchés du sud, les planteurs exemptent les négresses enceintes ou nourrices de presque tout travail, afin d'assurer la progéniture d'esclaves contre les chances d'accident. Autrefois on n'agissait pas ainsi ; dans toutes les colonies d'Amérique, les planteurs trouvaient moins coûteux d'acheter la *pacotille* des négriers que d'élever les négrillons jusqu'à l'âge du travail ; aussi la mortalité était formidable, et pendant les trente premières années du siècle, la population nègre a pour cette raison considérablement diminué dans les Indes occidentales. À Cuba, où les esclaves sont en général traités avec une certaine humanité, leur nombre déclina de quatre mille ou cinq mille de l'année 1804 à l'année 1817. Maintenant encore l'activité de la traite permet aux planteurs cubanais de négliger l'élève des nègres, parce que les importations d'Africains dans la force de l'âge comblent sans cesse les vides ; les négriers ne capturent que des hommes, ils laissent les femmes dans leur patrie comme des êtres de rebut. « Avant l'annexion de la Louisiane aux États-Unis, lisons-nous dans un discours du célèbre Clay, prononcé en 1830, cet état importait d'Afrique une multitude d'esclaves. Le prix d'un bon nègre de travail était inférieur à 100 dollars environ au total des déboursés nécessaires pour élever un négrillon. Alors on croyait que le climat de ce pays était tout à fait défavorable à la santé des enfants nègres, et un bien petit nombre d'entre eux arrivait à l'âge mûr. Lorsque le gouvernement des États-Unis eut aboli la traite, le prix des nègres adultes augmenta considérablement, on donna plus de soins à l'élève des nègres, et maintenant nulle part l'Africain n'a plus d'enfants qu'en Louisiane, nulle part le climat n'est plus favorable à la santé de sa progéniture. » On pourrait observer facilement une hausse et une baisse de la mortalité parmi les négrillons, alternant en raison inverse de leur valeur marchande. Une dépréciation générale des esclaves en tuerait un bien plus grand nombre que la plus effroyable des épidémies : c'est dans les *prix courants* qu'il faut chercher la raison des oscillations de la mortalité chez les enfants nègres.

Ainsi on ne peut arguer de l'augmentation rapide de la population noire pour prouver que le sort des esclaves est enviable. On ne pourrait davantage invoquer en faveur de cette assertion l'existence d'un grand nombre d'Africains centenaires, la rareté des attaques de folie et des suicides parmi les nègres des plantations. L'homme asservi n'est pas un homme ; s'il accepte avec calme son avilissement, il n'a plus de passions, mais à peine des appétits, des besoins grossiers, grossièrement satisfaits. L'âme ne travaille pas chez lui, le corps seul fonctionne, et, n'étant pas usé par l'âme, cette infatigable ouvrière, il peut fonctionner longtemps, et sans qu'un seul rouage se disloque. On compte aux États-Unis cinq ou six fois plus de centenaires noirs que de centenaires blancs. En exceptant ces cas nombreux de *géophagie* qui proviennent plutôt d'une dépravation du goût que du désir d'en finir avec l'existence, je n'ai jamais entendu parler que d'un seul suicide bien constaté parmi les nègres des états du sud. Un esclave avait reconquis sa liberté, et pendant deux années il avait erré dans les savanes et les cyprières, aspirant le grand air de l'indépendance. Enfin, traqué dans un bois, il fut fait prisonnier et ramené à son maître. Impassible, il reçut les flagellations sans pousser un cri, endura tous les mauvais traitements sans se plaindre, présenta lui-même son cou au collier de force, mais il refusa stoïquement de travailler. Mené au champ de cannes avec ses compagnons de servitude, il regarda longtemps d'un œil plein de mépris la chiourme des nègres, puis, sautant dans un fossé la tête la première, il se brisa la colonne vertébrale. L'histoire de la Louisiane rapporte aussi un cas de mutilation volontaire bien plus beau d'héroïsme que Mucius Scévola : en 1753, dans une paroisse riveraine du Mississipi, on avait chargé un nègre du service de bourreau ; pour ne pas tuer son semblable, il se fit sauter la main

1. Le Code noir et les esclaves

droite d'un coup de hache.

La famille est le fondement de toute société. Sans famille, pas d'existence sociale, mais seulement des êtres réunis par le hasard. Or on ne peut pas dire que le nègre ait une famille, puisque père, mère, enfants, peuvent être vendus au gré du maître et dispersés aux quatre vents cardinaux sur diverses plantations. De même que l'intelligence, le courage et la fidélité du nègre ne représentent pour le maître qu'une valeur pécuniaire, de même aussi la tendresse du noir pour ses enfants ou de la négresse pour son époux n'a d'importance aux yeux du planteur que s'il y voit une occasion d'en tirer un bénéfice quelconque. Souvent nègres et négresses sont accouplés par le propriétaire lui-même, et, de peur du fouet, accèdent à l'union qui leur est commandée. Quand le jeune esclave est libre de prendre une femme selon ses goûts, il va presque invariablement, par un vague désir de changement et de liberté, la choisir dans une plantation voisine. Il ne peut la voir que les jours de fête, ou bien pendant les rares moments de répit que lui offre son travail journalier ; encore faut-il qu'il soit muni de l'inévitable passe-port, car, sans cette feuille de papier, tout amour lui est interdit au-delà des bornes de la plantation. Si l'un des deux propriétaires voisins vient à changer de résidence, à vendre une partie de ses nègres pour payer ses dettes, ou bien à léguer par testament sa fortune à un parent éloigné, le mariage furtif conclu sur la borne des deux propriétés est tout à fait rompu, l'amant est vendu à un marchand d'esclaves, ou, s'il reste, il a la douleur de voir sa femme et ses enfants monter dans la charrette fatale qui les emporte vers un marché lointain. Le sort des familles abritées sous un même toit dans chaque plantation n'est pas toujours plus heureux. Le propriétaire peut distribuer les femmes et les maris à sa guise ; il peut vendre la négresse stérile ou hors d'âge, se défaire des négrillons qui lui sont à charge, des vieillards que la force abandonne. Aucune loi n'empêche le maître de briser ainsi les familles et d'en distribuer les membres au hasard ; il est vrai qu'une ancienne loi lui interdit de séparer un enfant de sa mère avant l'âge de dix ans, sous peine de six mois à un an de prison et de 1,000 à 2,000 dollars d'amende ; mais cette loi est constamment éludée, et j'ai vu frapper un enfant de sept ans qui se lamentait de ne plus voir sa mère. Le planteur règle même comme il l'entend les relations de l'époux et de l'épouse. Il en est parmi eux qui, pour mettre un terme aux déportements des négresses de leur camp, ont pris l'habitude de les mettre aux ceps pendant toute la durée de la nuit. Devenues plus sages par l'impossibilité de marcher, elles donnent au maître un plus grand nombre de négrillons. C'est là une des pratiques légitimes de l'esclavage, cette institution qui, si nous en croyons les orateurs esclavagistes, « moralise le nègre, et l'élève dans l'échelle des êtres ! » Aussi les parents nègres qui sont restés bons malgré l'influence délétère du milieu dans lequel ils vivent désirent avec ardeur la mort de leurs enfants, afin de les voir échapper aux terreurs qui les attendent. « Êtes-vous marié ? demandait-on à un nègre émancipé que des héritiers avides avaient réussi à faire condamner à une nouvelle servitude. — Non, répondit le nègre avec un triste sourire, ma femme a été délivrée par la mort. — Avez-vous des enfants ? — Non, Dieu merci, ils ont eu également le bonheur de mourir ! » Et cependant ce qui s'est passé à la Martinique et à la Guadeloupe depuis l'émancipation des esclaves [17] prouve que les nègres libres sont aussi bien que les blancs nés pour la vie de famille, et savent en apprécier les joies.

L'exemple que les blancs des états du sud donnent eux-mêmes à leurs noirs ne doit guère inspirer à ceux-ci le respect de la famille et de la paternité. Les mulâtres, qui forment environ la septième partie de la population de couleur, doivent presque tous leur origine aux amours des planteurs et de leurs belles esclaves ; cependant leurs pères et maîtres ne leur ont point accordé la liberté. D'habitude on accuse les immigrants étrangers d'être en partie responsables de l'augmentation graduelle de la population mulâtre ; mais les immigrants choisissent pour séjour les grandes villes commerciales ou les districts agricoles de l'ouest, tandis que les nègres habitent dans les campagnes des états du sud. Ce sont donc les planteurs eux-mêmes auxquels il faut faire remonter la responsabilité de la création de la race mélangée, et pourtant moins des deux cinquièmes des mulâtres sont affranchis. Ces chiffres indiquent dans quelle proportion le sentiment de la paternité influait sur l'émancipation des esclaves, lorsque cette émancipation était encore possible. Presque tous les affranchissements ont eu pour cause l'amour du maître pour son Agar ou son Ismaël ; cependant, on le voit, sur cinq mulâtres, il en est encore trois d'esclaves ; sur cinq pères, il en est encore trois de barbares, trois qui laissent leurs enfants croupir dans la servitude, les font monter sur la table de l'encanteur, et vendent ainsi leur propre chair à tant la livre. Une fille de Jefferson lui-même fut vendue aux enchères.

III.

Nous savons combien il est difficile aux planteurs de se débarrasser de toute idée préconçue et d'envisager de sang-froid la question de l'esclavage. Ils subissent nécessairement l'influence de ce terrible milieu dans lequel ils sont nés, et qui ne cesse de les envelopper un instant. Dès sa plus tendre enfance, le créole reçoit un être vivant en guise de poupée ; il possède un petit négrillon qu'il a le droit de frapper, et qui présente la joue avec épouvante. À mesure qu'il grandit, son esclave grandit avec lui, semblable à une ombre fidèle ; à chaque instant, sa dignité de maître lui est rappelée par la présence du souffre-douleurs ; et sans danger il peut donner un libre cours à chacune de ses colères ; il apprend *in anima vili* le mépris et la haine. Autour de lui s'agite une foule de domestiques noirs, aussi abrutis que celui qu'il flagelle, et d'instinct il comprend qu'il faut se méfier de ces hommes asservis, au regard bas, à la bouche remplie de mensonges. Dans le lointain, près des cases, il voit d'autres nègres se diriger vers les champs, courbés sous le poids de leurs instruments de travail, et suivis par le commandeur armé de son fouet ; le soir, la brise lui apporte souvent les hurlements des nègres ou des négresses dont le dos nu saigne sous les coups de nerf de bœuf. Dans son esprit, la comparaison ne s'établit même pas entre sa propre personne et les êtres tremblants auxquels leur couleur noire et leurs vêtements sordides donnent quelque chose de diabolique. Puis il apprend que sa fortune tout entière repose sur les épaules de ces noirs, et que sans leur travail il serait réduit à la mendicité. Alors l'ambition et l'amour du gain élèvent encore une nouvelle barrière entre lui et le nègre ; chacun des esclaves n'a plus pour lui d'autre valeur que celle d'une pile d'écus. C'est ainsi que graduellement le planteur apprend à ne plus considérer comme des hommes les Africains qu'il possède.

Un jour, je caressais la tête blonde d'un charmant petit créole qui n'était que rire et tendresse, et je lui demandais, comme on le fait d'ordinaire aux enfanst, s'il désirait grandir. — Oh ! oui, me dit-il. — Et pourquoi ? — *Pour bat' négresse.* — L'enfant qui exprimait ce vœu cruel était d'une extrême douceur ; mais tout ce dont il était témoin lui prouvait que le privilège des grandes personnes est de battre et de fustiger. Le cœur des enfants, tout en restant bon pour ceux qu'ils savent devoir aimer, devient d'une férocité sans nom envers ceux que, par l'exemple et l'ordre des parents eux-mêmes, ils se croient tenus de mépriser. À la fin, ils ne sentent plus : toute possibilité de sympathie pour ces êtres inférieurs, abrutis par la servitude, disparaît complètement ; ils ne peuvent plus même comprendre les paroles prononcées par un homme de cœur sur l'état des esclaves. Presque tous les livres d'enseignement élémentaire mis entre les mains des petits créoles ont été imprimés dans les états de la Nouvelle-Angleterre, et sont en conséquence entachés d'abolitionisme ; mais les doctrines de la liberté n'ont aucune influence sur ces jeunes âmes, et les enfants des planteurs apprennent avec un imperturbable aplomb la belle élégie du poète Whittier : *Gone, gone, sold and gone*, racontant les adieux d'une négresse de Virginie à sa fille, vendue à un traitant du sud. Ils apprécient la beauté des vers, ils les récitent avec sentiment, mais ils ne comprennent pas que cette pöesie touchante raconte les souffrances de leurs propres nègres. Les dames créoles ont autant pleuré que les jeunes filles anglaises sur les souffrances de l'oncle Tom. Lors de la publication du livre de Mme Beecher Stowe, il y eut dans certaines familles de planteurs une explosion de sensibilité sans doute plus vraie que dans les salons de la duchesse de Sutherland ; mais ce tribut de larmes fut payé aux malheurs imaginaires d'un être imaginaire : on n'eut point l'idée de faire aucune application de ce qu'on avait lu aux êtres dégradés qu'on s'était habitué à mépriser, et les souffrances réelles des vrais nègres continuèrent à passer inaperçues. C'est ainsi que le bien et le mal se mêlent d'une manière étrange dans l'âme humaine. Ce sont les hommes de cœur et d'intelligence qu'on rencontre parmi les propriétaires d'esclaves qui, sans le savoir, corrompent le plus la morale publique. On se demande, en prononçant leur nom vénéré, en serrant leur main loyale, si la cause qu'ils défendent est vraiment injuste, si l'esclavage, auquel ils prêtent l'autorité de leur voix, est vraiment une in-

1. Le Code noir et les esclaves

famie. En les écoutant, on n'ose plus distinguer entre le crime et la vertu. Ce ne sont pas les Legree, mais bien les Saint-Clare qui assurent la durée de l'asservissement d'une race par une autre race.

Chose fatale : dès qu'un homme, même bon, s'arroge le droit de posséder son semblable, il contracte malgré lui tous les vices d'un tyran, et, fût-il parfait envers ses égaux, il ne peut éviter d'être criminel envers ceux qu'il domine. Sans avoir besoin de réduire le mal en théorie, sans avoir même conscience de ses actes, il emploie tous les moyens qui peuvent abrutir son esclave. Ses yeux sont obscurcis : il ne voit plus de la même manière que les autres mortels ; tous les objets lui apparaissent, comme à travers un prisme inégal, déjetés, renversés, irisés de couleurs tremblotantes. Son intérêt lui voile les plus simples vérités ; il se croit tout permis pour défendre son prétendu bon droit, et le crime même lui semble une de ses inaliénables prérogatives. Surtout quand il a hérité de ses pères le pouvoir absolu sur des esclaves, il est lui-même asservi aux préjugés de cette autorité corruptrice qu'on lui a léguée par héritage : ses opinions et ses actes lui sont comme imposés par la position dans laquelle il se trouve ; il est à peine un être moral et responsable dans ses rapports envers les noirs qui lui appartiennent. Aussi malheureux que ses esclaves, il cesse, comme eux, d'avoir la conscience pour mobile de ses actions. Ce serait donc une injustice réelle d'accuser personnellement les planteurs de tout le mal qu'ils aident à commettre ; c'est le système de l'esclavage qu'il faut incriminer. Dès qu'un homme cesse de comprendre la valeur morale de ses actes, il n'a plus qu'une responsabilité d'un ordre inférieur ; or la plupart des planteurs en sont arrivés à ne plus éprouver le moindre remords lorsqu'ils s'occupent d'abrutir l'esclave et de le transformer en simple moteur mécanique. Eux-mêmes agissent comme des machines mues par un levier qui n'a pas son point d'appui dans leur for intérieur.

Les moyens que procure l'art perfide de diviser pour régner sont ceux que les maîtres emploient de préférence pour réduire complètement leurs nègres. Semblables aux chasseurs des savanes qui, pour empêcher les progrès des flammes, lancent un incendie contre un autre incendie, les planteurs du sud entretiennent la discorde entre les esclaves, afin de se rassurer sur la possibilité d'une insurrection. Ils utilisent surtout la haine qui divise les nègres américains et les nègres créoles. Ceux-ci, originaires de l'état où ils servent comme esclaves, sont en général tranquilles, attachés à la glèbe, fiers de la gloire de leurs maîtres, superstitieux ; leur âme est pétrie à souhait pour la servitude ; aussi est-ce surtout parmi eux que se recrutent les valets de chambre et les confidents. Les nègres connus sous le nom de nègres américains sont ceux que les planteurs du sud ont achetés sur les marchés du Kentucky, de la Virginie, du Maryland. Ils sont en général plus grands, plus forts, plus intelligents et relativement plus instruits que les nègres créoles. Leur séjour dans les villes industrielles ou commerçantes des états du centre, leur contact forcé avec le grand nombre de Yankees sagaces qui parcourent la virginie et les états limitrophes, les prédications des missionnaires itinérants, le voyage que, sous la conduite de leur acheteur, ils ont fait à travers une grande partie de l'Amérique, peut-être aussi le climat généreux et vivifiant du nord, ont développé leur perspicacité naturelle, et quand ils arrivent sur les marchés du midi, ils montrent fort bien par leurs dédains qu'ils ont conscience de leur supériorité sur les nègres du pays. À la grande joie des planteurs, les occasions de disputes ne manquent pas entre ces deux classes de nègres, différentes même par l'apparence extérieure et la nuance de la peau. Les maîtres ont soin d'entretenir également des dissensions entre les nègres des champs et les domestiques de maison, entre les sambos et les noirs, les mulâtres et les sambos ; ils introduisent une certaine hiérarchie au sein même de l'esclavage. Les opprimés n'ont pas encore su se réconcilier contre l'ennemi commun ; le mulâtre, fier de sa peau jaune, se laisse aller à dédaigner les griffes et les noirs ; le quarteron dédaigne le mulâtre. C'est ainsi que le mépris tombé du regard du maître rejaillit d'esclave en esclave. Quant au nègre prétendu libre, il est à la fois méprisé par les blancs, haï par les esclaves[18] ; mais il rend la haine à celui qui le méprise, le mépris à celui qui le hait, et se console de son isolement par le privilège de ne rien faire, car dans les états du sud le travail est le signe de l'esclavage. Le planteur voit sa sécurité dans les antipathies de tous ceux qui, réunis contre lui, pourraient se libérer sans peine : les instincts et les pratiques de la domination sont les mêmes dans tous les pays du monde, et n'ont jamais changé depuis que le premier conquérant a réduit d'autres hommes en servitude.

1. Le Code noir et les esclaves

Cependant les mesures féroces prises récemment contre les nègres libres sous le coup d'une folle panique sont en contradiction formelle avec la savante devise des oppresseurs intelligents. Jusqu'à nos jours, l'affranchi, fier de sa liberté, de sa supériorité intellectuelle sur l'esclave, de son droit de propriété, se laissait entraîner à la haine ou au mépris pour ses frères moins heureux que lui ; plusieurs même n'avaient pas reculé devant le crime d'acheter des noirs et d'entrer par la porte bâtarde dans la caste des planteurs. De leur côté, les esclaves n'éprouvaient qu'une basse envie pour les nègres libres, et se réjouissaient de toutes les avanies que les blancs leur faisaient souffrir. Par leur sauvage violence, les planteurs viennent de réconcilier ces fractions ennemies de la race opprimée : esclaves et ci-devant affranchis gîtent dans les mêmes cases, travaillent dans le même sillon, et sans aucun doute jurent la même haine aux maîtres qui les oppriment. Tous ces nègres qui ont connu l'aisance, une liberté relative, les joies de la famille et celles de l'instruction, renonceront-ils comme des agneaux à tout ce qui rend la vie supportable en ce monde, ou bien rouleront-ils dans leur esprit des pensées de vengeance ? Les plantations où on les distribue ne deviendront-elles pas bientôt des foyers d'insurrection ?

Avant même que les événements récents n'eussent rendu nécessaire la plus extrême vigilance, le maître faisait surveiller avec anxiété les quelques instants qui séparent les heures du travail de celles du repos, car le nègre, naturellement intelligent, pourrait les mettre à profit en songeant à l'indépendance ; il pourrait se demander si un esprit n'est pas emprisonné sous ses muscles d'athlète, si un cœur, semblable à celui du blanc, ne bat pas dans sa forte poitrine. Pour le préserver de ces pensées fatales, on le condamne à l'ignorance la plus complète, on lui défend d'apprendre à lire sous les peines les plus sévères, on le parque comme un animal dans son camp ; on ne lui permet point de sortir de la plantation sans passe-port, de travailler dans sa cabane sans autorisation ; il faut qu'entre lui-même et chacun de ses désirs il sente s'interposer la volonté toujours présente du maître. Surveillé sans cesse par l'économe, le commandeur, les domestiques de la maison, ses propres camarades, il faut qu'il en arrive à se surveiller lui-même, à faire la police de ses propres actions. Il est soupçonné, haï, maltraité, tant qu'il lui reste un peu de cœur, mais il rentre en grâce dès qu'il s'est complètement avili ; sa première délation est écoutée avec bienveillance, ses flatteries reçoivent un accueil favorable, ses vices sont regardés avec mépris, mais d'un œil complaisant : il a perdu la conscience de ses droits, et n'ose, pas plus que le reste de la chiourme, songer à la révolte et à la liberté. Lorsque, par son intelligence, son audace ou sa force morale, un esclave sait acquérir une certaine influence sur ses compagnons de chaîne et devient le chef incontesté du camp, il est considéré comme un ennemi public par les blancs, et peut se préparer à toutes les amertumes. Tel planteur habile tâche de s'attacher le nègre intelligent qui le gêne, et on le nomme *commandeur* afin de lui faire trahir ses frères ; tel autre cherche à le dompter et l'humilie constamment devant tous les noirs du camp, afin d'anéantir son influence ; tel autre encore lui suscite un rival, et protège l'histrion contre celui qui a su conquérir sur ses frères une autorité légitime. Enfin les planteurs peu diplomates se défont au plus vite du nègre dangereux et le vendent à un propriétaire éloigné.

La religion, habilement exploitée, est un puissant moyen de tyrannie pour que les maîtres aient négligé de s'en servir : « L'instruction religieuse, lisons-nous dans une circulaire d'une société d'évangélisation, rend les nègres doux et tranquilles et favorise les *intérêts pécuniaires* des maîtres. » Les esclaves pieux et bons chrétiens inspirent plus de confiance aux acheteurs que les autres ; aussi ne manque-t-on pas, dans l'inventaire des propriétés à vendre, de signaler cette qualité de certains esclaves. Ceux auxquels l'instruction religieuse a fait aimer la servitude ne songent jamais à se libérer ; ils se contentent de prier pour leurs maîtres ; aussi évalue-t-on parfois leur piété à une somme de plusieurs centaines de dollars ; leur titre de fidèle chrétien les fait rechercher par tous les marchands d'âmes humaines. En effet ces nègres pieux, endoctrinés par les ministres de l'Évangile intéressés au maintien de l'esclavage, ne cessent de prêcher à leurs frères en servitude que leur sort est doux et enviable, que leur nourriture de chaque jour est un bienfait divin de quel ils ne sauraient être trop reconnaissants envers le généreux planteur, que la félicité éternelle est réservée aux esclaves exempts de rancune. Les pasteurs blancs qui les raffermissent dans la foi chrétienne exposent la même doctrine avec plus d'autorité. Ils re-

1. Le Code noir et les esclaves

commandent aux nègres d'obéir sans murmurer, de recevoir les coups de fouet sans éprouver le moindre sentiment de vengeance, de bénir ceux qui les frappent, de révérer leurs maîtres comme des représentants du père universel. C'est à cette œuvre de lâcheté et de corruption que s'emploient sans cesse des milliers de prédicateurs de la bonne nouvelle : loin d'employer leur éloquence à faire des hommes, ils rendent l'esclave encore plus esclave, le lâche encore plus lâche, et dans l'âme du nègre rebelle ajoutent la peur de l'enfer à la peur du fouet. Ainsi gagnent leur salaire des ministres de Dieu en vendant les âmes qui leur sont confiées.

On peut dire qu'avant la dernière élection présidentielle, l'église en corps, même celle des états libres, donnait l'appui de sa parole et de son influence à l'esclavage, et réprouvait avec ensemble les utopistes qui affirment l'égalité de droits pour les noirs et pour les blancs. En 1850, les églises réunies des états du nord et des états du sud comptaient de vingt-trois à vingt-quatre mille ministres de l'Évangile pour lesquels l'esclavage était la pierre angulaire de la société. Les pasteurs qui avaient fondé des églises séparées, afin de ne pas justifier par leur adhésion le crime de la possession de l'homme par l'homme, étaient au nombre de trois mille cinq cents seulement, six ou sept fois moins que leurs adversaires esclavagistes. Autrefois l'église presbytérienne d'Amérique avait inséré dans sa confession de foi un article qui condamnait formellement la vente et l'achat des noirs ; mais, grâce à la corruption de l'exemple et à l'action démoralisante exercée par l'intérêt privé, cet article a été rayé de la confession de foi, et maintenant tout presbytérien peut trafiquer d'hommes et de femmes avec la même liberté de conscience que s'il vendait ou achetait des troupeaux de bêtes. De même les anciens méthodistes, suivant la voie que leur avait frayée Wesley le célèbre fondateur de leur église, proclamaient hautement que l'esclavage était « l'ensemble de tous les crimes. » De concessions en concessions, la majorité des fidèles en est arrivée jusqu'à permettre aux évêques de se faire éleveurs d'esclaves pour les marchés du sud. À cette occasion, un schisme s'opéra, et l'église méthodiste se partagea en deux fractions, celle du sud et celle du nord ; mais en dépit de cette rupture avec leurs coreligionnaires du sud, les méthodistes du nord n'en comptent pas moins parmi leurs membres zélés quinze mille propriétaires possédant plus de cent mille esclaves, dans le Delaware, le Maryland, la Virginie, le Kentucky, le Missouri et l'Arkansas. Les épiscopaux, moins nombreux, n'avaient en 1850 que quatre-vingt-huit mille esclaves. Les baptistes en possédaient deux cent vingt-six mille, et, pour leur plaire, un éloquent orateur anglais de leur confession, M. Spurgeon, n'a-t-il pas retranché de ses sermons toutes les phrases suspectes de tendances abolitionistes ? Des sociétés religieuses qui ont leur siège dans les grandes villes du nord, telle la Société américaine des traités évangéliques et le Comité américain des missions étrangères, répandent des brochures et des opuscules pour établir, au nom de Jésus-Christ, la légitimité de l'esclavage. De son côté, la Société biblique se refuse à distribuer des bibles aux noirs. Les humbles frères moraves eux-mêmes, qui en Europe ont cherché à réaliser l'idéal d'une république fraternelle, font travailler des nègres esclaves et leur prêchent l'abdication de la volonté [19]. À l'exception des quakers, seuls protestants auxquels la grande association évangélique refuse le titre de frères, il n'est pas une communion chrétienne qui ne se soit rendue coupable de la même iniquité contre la race nègre. J'ai vu un prêtre catholique qui, après avoir recueilli sou à sou pendant quinze ans les économies qu'une vieille négresse lui apportait afin d'obtenir son rachat, employa cette somme, lentement amassée, à l'acquisition de la pauvre femme pour son propre compte. Ainsi la plus touchante unanimité règne dans toutes les sectes, deux mille ans après la venue de leur Christ, lorsqu'il s'agit de renouveler la malédiction qui pèse encore sur Cham. Les pasteurs de toutes les confessions s'accordent pour trouver bon l'esclavage de leurs frères. Et puis on peut vendre des nègres pour bâtir des églises, pour envoyer des missionnaires aux peuples non-chrétiens ; on peut consacrer à des objets charitables l'argent gagné à la sueur du front des esclaves, on peut faire le bien avec le produit du crime ! On cite des ministres de l'Évangile qui se targuent d'une haute moralité, et ne craignent pas de louer leurs négresses à des propriétaires de maisons de débauche ; d'autres, au sortir du prêche, chaussent les bottes et l'éperon, sifflent leurs bouledogues, et, suivis de leurs amis, pourchassent un nègre fugitif à travers les forêts et les marécages [20]. Ce sont là les conséquences logiques de l'approbation donnée par les sectes chrétiennes au trafic des âmes humaines. À une époque où le christianisme subit

1. Le Code noir et les esclaves

de si nombreux assauts de la part de la science, les ministres de cette religion se rendent coupables d'un acte au moins impolitique en patronant ainsi l'abomination de l'esclavage, réprouvée par la conscience universelle.

Dans les états du centre, déjà relativement populeux et civilisés, les nègres des plantations, appartenant en majorité aux sectes méthodiste et baptiste, assistent régulièrement aux services religieux du dimanche. En outre ils se réunissent parfois en assemblées particulières avec la permission de leurs maîtres, mais loin de leur œil gênant, et passent des heures à chanter des cantiques, à réciter des prières, à écouter les prédicateurs blancs, qui ne manquent jamais de leur répéter et de leur commenter sur tous les tons le précepte de la Bible : « Obéissez à vos maîtres en toutes choses ! » Les districts comparativement déserts sont visités par des missionnaires itinérants qui, d'après l'expression consacrée, viennent réveiller les nègres des plantations éparses. Leur arrivée, annoncée longtemps à l'avance, répand la joie dans les camps des plantations. Aussitôt les esclaves, heureux du repos qui leur est promis pendant deux ou trois jours et des joies tumultueuses auxquelles ils vont se livrer, se dirigent vers quelque clairière des forêts où ils construisent à la hâte des baraques en planches ou en branchages. La première journée est tout entière consacrée aux préparatifs de la fête ; puis la nuit se passe, employée par les uns en chants et en prières, par les autres en divertissements, en libations ou en débauches. Quand l'aurore se lève, déjà tous les nègres, ces êtres si merveilleusement sensibles aux impressions extérieures, sont enivrés de leur liberté d'un jour, un démon les a saisis, et, pleins d'une joie délirante, ils chantent, ils hurlent, ils bondissent çà et là comme des chevreuils. Bientôt le prédicateur monte sur les troncs d'arbres mal équarris qui lui servent de chaire, il jette quelques paroles à la foule en désordre, et voilà que tous, comme sous l'influence d'un charme, interrompent leurs danses et leurs cris, et viennent se rassembler en une masse compacte autour du ministre. En un instant le silence règne sur cette mer d'hommes, et les cérémonies religieuses commencent. Longtemps les yeux de tous restent invariablement fixés sur le blanc, qui du haut de son échafaudage prie d'une voix uniforme et chantante : l'assemblée tout entière halète d'un même souffle et n'a plus qu'une seule âme ; elle contient son enthousiasme, cha-

Élisée Reclus

cun refoule le hurlement qui lui monte aux lèvres. Enfin à une apostrophe véhémente du prédicateur l'auditoire ne peut plus se contenir : un cri part de la foule, immédiatement suivi par d'autres cris : une femme tombe dans les convulsions de l'extase, puis une autre, puis d'autres encore : on les voit s'abattre çà et là comme des arbres renversés par le vent. Alors tous donnent un libre cours à leur émotion longtemps contenue : pendant que les uns se précipitent autour des femmes convulsionnaires pour les emporter hors du camp, les autres confessent à haute voix leurs péchés, se jettent à genoux en pleurant, chantent les hymnes religieux, se livrent à des danses désordonnées. Élevant la voix jusqu'au glapissement, le prédicateur essaie de dominer l'indicible tumulte ; il y réussit un instant, mais chaque nouvelle tirade soulève de nouveau la marée d'hommes qui ondule à ses pieds ; d'autres auditeurs se jettent sur l'herbe, tordus par les convulsions ; les hurlements recommencent, la voix du prédicateur se perd dans le tumulte. Ainsi pendant plusieurs heures la foule est agitée par un délire indescriptible. Le lendemain, lorsque les esclaves sont retournés à leurs travaux, on ne voit plus sur l'emplacement du camp qu'une herbe foulée, des baraques en ruines et des débris de haillons épars. Telles sont les saturnales auxquelles on donne le nom de réveil. Il est douteux qu'elles donnent à l'esclave plus de noblesse morale et un plus grand amour de la liberté.

Dans les plantations du midi, les missionnaires itinérants sont plus rares, et d'ailleurs leur présence ne serait guère tolérée par les créoles, qui depuis longtemps se méfient de tous les voyageurs indistinctement. Les nègres ne peuvent assister au service religieux de la secte à laquelle ils appartiennent, à moins qu'ils n'habitent dans le voisinage d'une chapelle ou d'une église ; cependant ils ne sauraient se passer de rites religieux quelconques : les planteurs eux-mêmes savent que leurs nègres ont besoin d'une exaltation périodique pour s'étourdir sur les misères de l'esclavage. Tandis que les charmeurs de serpents et les adorateurs de gris-gris sont presque sans exception des nègres créoles, c'est toujours parmi les nègres américains qu'on choisit le prédicateur du camp. Aucune fête n'est complète si aux libations et aux danses ne succèdent des prières et un sermon déclamés du haut d'un tonneau par le pasteur en titre. Rien de plus lamentable que ces parodies religieuses auxquelles le maître invite parfois ses amis à assister. Un soir, j'étais présent à l'un de ces fêtes, et mon âme en est encore navrée. Les riches planteurs se promenaient sous le péristyle de la *vérandah* et respiraient voluptueusement l'air embaumé du soir ; les belles créoles, entourées de lucioles qui éclairaient leurs visages d'une lueur tremblotante, se balançaient nonchalamment dans leurs berceuses. Non loin de là, sous l'ombrage touffu des azédarachs, se pressaient les nègres de la plantation, honorés du regard souverain de leur maître, de leur maîtresse et des nobles amis. À quelques mètres de la *vérandah*, sur un tonneau renversé, était juché le prêcheur larmoyant, éclairé par une torche fixée à une colonne de la maison. Il n'avait point de Bible, car il ne savait pas lire, et d'ailleurs la Bible est proscrite ; mais, dans une espèce de pose extatique, les genoux demi fléchis, les mains jointes élevées à la hauteur de la poitrine, les yeux fermés, la tête rejetée en arrière, il récitait ou plutôt chantait d'une voix lente et plaintive des lambeaux de prières, des vers estropiés, des restes d'hymnes appris de quelque autre nègre dans une plantation du nord. À chaque instant s'élevait le rire cruel de ses maîtres, les plaisanteries se croisaient autour de lui ; mais il continuait impassible ; il fallait contenter le maître, et ne pas être sensible à l'injure. Chose fatidique cependant ! le pauvre esclave n'avait jamais appris et pendant plus de vingt ans n'avait récité qu'un seul sermon, et ce sermon, où les mêmes phrases revenaient constamment, avait pour texte la parabole du mauvais riche : « Oui, s'écriait l'esclave avec la plus étrange naïveté, vous êtes riches, vous êtes puissants, vous avez de l'or et de l'argent, et vous vous roulez sur les pierres précieuses, vous avez des voitures et des chevaux et toutes les joies de ce monde. Tous vous envient ; mais souvenez-vous que cette nuit même votre vie vous sera redemandée. Et vous serez damnés à tout jamais, vous irez dans l'étang de feu et de soufre, vous serez brûlés du feu qui ne s'éteint point, et rongés du ver qui ne meurt point, tandis que le pauvre nègre ira dans le sein d'Abraham, et sera consolé par le bon Dieu de ses misères et de ses souffrances ! » Ces paroles de l'esclave me faisaient frissonner ; elles me semblaient retentir comme un premier appel à la révolte et au massacre ; mais elles étaient tellement entrecoupées de hoquets et chantées sur un récitatif tellement étrange, que le sens en était presque complètement perdu pour les auditeurs. Et

Élisée Reclus

d'ailleurs les maîtres n'eussent jamais daigné comprendre les allusions naïves faites par le misérable esclave. Les rires ne cessèrent pas un seul instant, et quand le prêcheur descendit de son tonneau, la maîtresse de la maison lui fit donner une paire de pantalons et un verre de *brandy*. Il se confondit en remerciements devant celle qu'il venait de condamner au feu éternel.

Ainsi, même du fond de cet affreux avilissement, du sein de ces cérémonies religieuses dans lesquelles les esclavagistes voient une de leurs meilleures sauvegardes, surgit une voix prophétique de vengeance et de rétribution. Ces quatre millions d'hommes si doux et si paisibles aujourd'hui peuvent dans un avenir prochain se relever avides et farouches. Défendue par le frein du travail, la terreur organisée, les divisions intestines des nègres, les mœurs sociales, le gouvernement et les puissantes corporations religieuses, l'iniquité de l'esclavage peut avoir une fin, car elle porte en elle-même le germe de sa propre destruction. Quels sont les moyens de défense du parti esclavagiste ? quelles seront ses chances dans la lutte terrible qu'on peut aujourd'hui prévoir ? C'est ce qui mérite une étude à part.

Notes

1. Code noir de la Louisiane.

2. Negro-law of South-Carolina, page 41

3. Ibid, pages 28 et suivantes.

4. Ibid, pages 43 et suivantes.

5. Negro-law of South-Carolina, page 21.

6. Ibid, page 20.

7. Negro-law of South-Carolina, pages 13 et suivantes

8. Ibid, page 28.

9. Negro-law of South-Carolina, page 24.

10. Voyez à ce sujet l'étude de M. C. Clarigny sur l'Élection présidentielle aux États-Unis dans la Revue du 1er décembre 1860.

11. Negro-law of South-Carolina, page 15.

12. Negro-law of South-Carolina, pages 15 et 16

1. Le Code noir et les esclaves

13.   Code noir de la Louisiane et Negro-law of South-Carolina, passim.

14.   Qu'on lise à la quatrième page des journaux américains la liste des esclaves mis à l'encan, et l'on sera frappé du nombre considérable de nègres et de négresses affligées de hernies. L'extraordinaire fréquence de ce genre de maladie indique évidemment l'excès de travail.

15.   Voyez les travaux de M. Forgues sur l'insurrection des cipayes et la guerre de l'Inde. — Revue du 15 juin, 1er et 15 décembre 1858, 15 avril, 15 mai 1860.

16.   En 1850, la population de couleur des états du sud s'élevait à 3,591,000 personnes, dont 3,204,000 esclaves ; en 1860, on compte approximativement 4,490,000 gens de couleur, c'est-à-dire que leur nombre a augmenté de 900,000 en dix ans. Ils seront près de 12 millions dans un siècle, en admettant que leur accroissement continue à être aussi rapide qu'il l'est aujourd'hui.

17.   Voyez la Revue du 1er septembre 1860.

18.   Worse than a free negro (pire qu'un nègre libre) : c'est une insulte qu'aiment à se prodiguer les noirs des plantations.

19.   Anti-Slavery-Reporter

20.   Maryland Slavery and Maryland Chivalry, page 56.

2. Les planteurs et les abolitionnistes

Nous avons essayé de faire connaître la situation des nègres es-claves d'Amérique ; c'est au milieu des planteurs qu'il faut main-tenant nous placer. Quelle est leur attitude vis-à-vis du parti abo-litioniste de la grande république ? Il faut le dire, les propriétaires d'esclaves semblent renoncer à la pensée de convaincre leurs adver-saires du nord autrement que par le droit de la force ; cependant, afin de se prouver à eux-mêmes la justice de leur cause et d'effacer dans leurs âmes jusqu'à l'ombre du remords, ils cherchent à étayer l'*institution domestique* de nombreux arguments tirés de l'histoire, de la morale, de la religion, et surtout du fait accompli. S'ils étaient complètement sincères, ils devraient se borner à prétendre que l'injustice est permise à tous ceux qui savent en profiter. Telle est la raison cachée qui inspire leur beau langage de vertu et de désin-téressement. Il nous sera facile de résumer ici les arguments qu'ils emploient, car tous ces arguments se reproduisent avec une déses-pérante uniformité dans les discours qui se prononcent et les livres qui se publient au sud de la Chesapeake et de l'Ohio.

I

Jadis les hommes du sud admettaient que l'esclavage est un mal ; ils déploraient l'origine de leurs richesses, et formulaient le désir que cette funeste institution léguée par leurs ancêtres fût enfin abolie. Pendant les débats engagés au sujet de la constitution fédé-rale après l'heureuse issue de la guerre de l'indépendance, Mason, lui-même propriétaire de nègres, tonnait contre l'esclavage, aux applaudissements des planteurs ses collègues, « Chaque maître d'esclaves est né tyran ! » s'écriait-il. Plus tard, Jefferson, autre plan-teur de la Virginie, ajoutait : « L'esclavage ne peut exister qu'à la condition d'un despotisme incessant de la part du maître, d'une soumission dégradante de la part de l'opprimé. L'homme qui ne se déprave pas sous l'influence funeste de l'esclavage est vraiment un prodige ! » En 1831 et 1832, la législature de la Virginie, qui depuis a montré, dans l'affaire de John Brown, à quelles violences les in-térêts menacés peuvent recourir, proposa l'abolition graduelle de l'esclavage et discuta longuement les moyens d'obtenir ce résultat si désirable. À cette époque, sur trente-six sociétés abolitionistes qui existaient dans les États-Unis, vingt-huit étaient composées de propriétaires d'esclaves.

De nos jours, les planteurs, éclairés par la haine et par la peur, retirent leurs aveux d'autrefois. L'esclavage ne leur semble plus un mal nécessaire ; c'est un bien, un avantage inappréciable, un vrai bonheur pour l'esclave lui-même, pour toute la race nègre, pour la religion, la morale et la propriété, pour l'ensemble des sociétés humaines. « Nous n'avons plus aucun doute sur nos droits, aucun scrupule à les affirmer, s'écrie le sénateur Hammond. Il fut un temps où nous avions encore des doutes et des scrupules. Nos ancêtres s'opposèrent à l'introduction de l'esclavage dans ce pays et léguèrent leur répugnance à leurs enfants. L'enthousiasme de la liberté, excité par nos glorieuses guerres d'indépendance, accrut encore cette aversion, et tous s'accordèrent à désirer l'abolition de l'esclavage ; mais, lorsque l'agitation abolitioniste commença dans le nord, nous avons été obligés d'examiner la question sous toutes ses faces, et le résultat de notre étude a été pour nous la conviction unanime que nous ne violons aucune loi divine en possédant des esclaves. Grâce aux abolitionistes, notre conscience est parfaitement tranquille sur ce grave sujet, notre résolution est calme et ferme. Oui, l'esclavage n'est pas seulement un fait nécessaire et inexorable, mais aussi une institution morale et humaine, produisant les plus grands avantages politiques et sociaux ! » Calhoun, le célèbre chef de file de tous les hommes d'état esclavagistes, est le premier qui ait osé se débarrasser de ce vain bagage des remords et affirmer la pureté de sa conscience au sujet de la possession de l'homme par l'homme. « L'esclavage, dit-il, est la base la plus sûre et la plus stable des institutions libres dans le monde. » Un de ses élèves, M. Brown, prétend que « l'esclavage est une grande bénédiction morale, sociale et politique, une bénédiction à la fois pour le maître et pour l'esclave. » D'autres sénateurs, encore plus lyriques, nous apprennent que « l'institution de l'esclavage ennoblit le maître et le serviteur ! »

Ces affirmations si tranchantes ne suffisent pas pour démontrer la légitimité de l'esclavage, il faut aussi donner des preuves à l'appui. Les planteurs se hâtent de les fournir. Sentant tout d'abord le besoin d'établir sur une base solide l'origine de leur domination, ils invoquent les théories inventées pour justifier la propriété en général. En effet, de même que le sol appartient au premier occupant et à sa descendance, de même l'homme appartient avec toute sa race à son premier vainqueur. Quand même la victoire serait le résultat d'un crime, la prescription ne tarde pas à transformer le mal en bien, et, par le cours des années, l'homme volé à lui-même devient graduellement propriété légitime. Une longue suite d'héritages, d'achats et de ventes a constaté la validité des titres possédés par le planteur, et maintenant des hommes déloyaux pourraient seuls lui contester son droit. « Le propriétaire d'esclaves, dit un arrêt de la cour suprême de la Géorgie, possède son nègre comme un immeuble ; il le tient directement de ses ancêtres ou du négrier, de même que celui-ci le tenait du chasseur de nègres. »

Après avoir établi que la possession des nègres est suffisamment justifiée par l'hérédité, les défenseurs de l'esclavage cherchent à prouver que les noirs ont été créés pour la servitude. D'après ces théoriciens, les faits implacables de l'histoire prononcent sans appel. Partout où les Africains se sont trouvés en contact avec d'autres races, ils ont été asservis ; leur histoire se confond avec celle de l'esclavage, auquel ils sont évidemment prédestinés. Ils ne se révoltent pas sous la tyrannie comme l'Indien, ils rampent devant le maître qui les frappe, ils se font petits pour éviter l'insulte, ils flattent celui dont ils ont peur. Toutes les lâchetés que la position d'esclaves impose aux nègres leur sont reprochées comme si elles étaient spontanées. L'avilissement des serviteurs semble établir le droit des maîtres, et le crime même des oppresseurs est mis sur le compte des opprimés. Et puis l'Africain n'est-il pas incapable de se gouverner lui-même, insouciant, superficiel ? C'est un enfant sans volonté, n'ayant que des caprices et des appétits ; il doit être nécessairement mis en tutelle. Il a besoin d'un père, ou bien, à défaut de père, d'un commandeur armé du fouet. Pour le civiliser, il faut le rendre esclave.

Aux yeux des hommes vulgaires et ignorants qui se contentent de l'apparence, la couleur de la peau suffit à elle seule pour établir la condamnation de la race nègre à une éternelle servitude. D'après les esclavagistes, les grosses lèvres, les cheveux crépus, l'angle facial déprimé du noir, sont autant de signes d'une infériorité physique relativement au blanc, et suffisent pour constituer une différence spécifique. Pour eux, les blancs et les nègres sont des espèces complètement distinctes, et ne peuvent se mélanger d'une manière permanente. Rejetant les faits innombrables offerts par l'Amérique espagnole, où quinze millions d'hommes appartiennent plus ou moins à la race mêlée, les défenseurs de l'esclavage préfèrent s'appuyer sur quelques statistiques produites par des médecins *yankees*, grands détracteurs de l'espèce africaine. Si le résultat de ces recherches était conformé à la vérité, le mulâtre vivrait en moyenne beaucoup moins longtemps que le noir ou le blanc, il serait miné par des maladies chroniques, les femmes de sang mêlé allaiteraient mal leurs enfants, et la plupart des nourrissons périraient quelque temps après leur naissance. Les mariages conclus entre mulâtres seraient rarement prolifiques, en sorte que fatalement la race hybride serait condamnée à périr, absorbée par les types primitifs. À ces résultats statistiques, obtenus dans un pays où l'aversion générale crée aux hommes de couleur une position tout exceptionnelle, on peut opposer les résultats contraires qui se produisent dans les contrées où règne la liberté. Et quand même une race hybride ne pourrait se former, quand même les blancs et les noirs seraient des espèces complètement irréductibles, la différence de couleur et d'origine doit-elle nécessairement produire la haine et l'injustice ? La distinction des races change-t-elle le mal en bien et le bien en mal, ainsi que le prétendent les propriétaires d'esclaves ?

Ceux-ci ne peuvent avoir qu'une seule raison de haïr leurs nègres : le mal qu'ils leur font en leur ravissant la liberté. Autrefois, lorsque les esclaves blancs étaient un article de pacotille, lorsqu'on les achetait en Angleterre et en Allemagne pour les revendre en Amérique aux enchères, lorsque de vraies foires d'hommes se tenaient sur les vaisseaux arrivés d'Europe, lorsque les Écossais faits prisonniers à la bataille de Dumbar, les royalistes vaincus à Worcester, les chefs de l'insurrection de Penraddoc, les catholiques d'Irlande et les monmouthistes d'Angleterre étaient vendus au plus offrant [1], les planteurs éprouvaient pour ces malheureux blancs le même dégoût qu'ils montrent aujourd'hui à leurs nègres. De même, lorsque les Indiens capturés à la guerre faisaient partie du butin, que tous les peaux-rouges ennemis étaient d'avance condamnés à l'esclavage ou à la mort, lorsque le gouverneur de la Caroline du sud offrait

50 dollars par tête d'indigène assassiné, les Indiens étaient, comme les nègres, des objets d'horreur pour les envahisseurs blancs. Ce qui toutefois a relevé les petits-fils des esclaves blancs aux yeux de leurs compatriotes les planteurs, c'est le titre d'hommes libres qu'ils ont acquis. Maintenant ils sont en tout point les égaux de leurs anciens maîtres, et plusieurs d'entre eux occupent les fonctions les plus élevées de la république. Les Indiens aussi, en combattant pour leur liberté et en refusant obstinément le travail qu'on voulait leur imposer, ont su conquérir une certaine égalité ; ils sont tenus en estime malgré la couleur de leur peau, et d'après le code noir « le sang qui coule dans leurs veines est, comme celui du blanc, le sang de la liberté [2]. » Une preuve que la vraie cause de l'opprobre qui pèse sur les nègres n'est point la couleur, mais bien l'esclavage, c'est que les blancs qui comptent parmi leurs ancêtres un seul Africain sont tenus comme noirs eux-mêmes malgré le témoignage de leur peau. Un seul globule impur suffit pour souiller tout le sang du cœur. Il y a quelques années, le bruit se répandit qu'un des personnages les plus éminents de la Louisiane n'était pas de race pure, que l'une de ses trisaïeules avait vu le jour en Afrique. le scandale fut immense, un procès émouvant se déroula devant la haute cour, et bien que le défenseur ait réussi, par ses larmes et ses arguments, à laver le prévenu de cette énorme accusation, bien qu'il ait pu faire prononcer que la trisaïeule était née de parents indiens, et que les seize seizièmes du sang de son client ne roulaient pas une goutte impure, cependant le soupçon et le mépris n'ont cessé, malgré l'acquittement, de planer sur le personnage accusé.

Quand même les principes sacrés de l'hérédité, le fait accompli, la différence de couleur, l'antagonisme historique des blancs et des noirs, seraient insuffisants pour justifier la prise de possession des esclaves, les défenseurs de l'*institution domestique* ne s'en croiraient pas moins en droit d'agir comme ils l'ont fait jusqu'à nos jours. L'esclavage fût-il en désaccord avec les lois de la morale vulgaire, les Américains devraient le maintenir par bonté d'âme, car le bien des nègres eux-mêmes l'exige ! — Quel bonheur, disent les propriétaires d'esclaves, quel bonheur pour les pauvres noirs d'avoir échangé leur servitude sur les bords du Niger, contre une servitude sur les rivages du Mississipi ! Ils vivaient comme des animaux à l'ombre de leurs baobabs, ils étaient vendus pour une bouteille d'eau-de-vie ou faits captifs dans quelque guerre sanglante, ils avaient sans cesse à craindre d'être sacrifiés vivants sur la tombe d'un chef. Pour eux, aucun progrès ; grossiers et nus comme leurs pères, ils n'avaient d'autre joie que la satisfaction de leurs appétits matériels. ; Aujourd'hui les nègres d'Amérique sont encore esclaves, il est vrai ; mais ils ont quitté les ténèbres pour la lumière, la barbarie pour la civilisation, l'idolâtrie pour le christianisme en un mot ; la mort pour la vie !

C'est donc par humanité que les négriers ont volé des millions de noirs sur la côte d'Afrique, ont fomenté les guerres civiles dans tous les petits royaumes de ce continent, ont entassé à fond de cale les corps de tant de malheureux ! ils étaient les hérauts de la civilisation, et la postérité ne saura trop les bénir d'avoir accompli au péril de leur vie ce grand œuvre du rapprochement des races. Ils prétendent avoir fait, au nom de Mammon, par la ruse, le vol, l'assassinat et la guerre civile, plus que ne peuvent faire les envahissements graduels et pacifiques du commerce, de l'émigration libre, de l'éducation ! Ils ont rendu plus de services à l'humanité que les missionnaires du sud de l'Afrique ! Pour tout dire, l'esclavage est, d'après les logiciens du sud, la base même des sociétés, et sans l'asservissement d'une moitié de d'humanité, le progrès serait impossible pour l'autre moitié. Les propriétaires d'esclaves vont jusqu'à revendiquer une solidarité glorieuse avec ceux qui ont élevé le Parthénon et gagné la bataille de Salamine. À les en croire, si la république athénienne doit être à jamais l'éblouissement des âges, c'est que ses libres citoyens pouvaient s'occuper de grandes choses en laissant les travaux serviles à des êtres dégradés. « Il est des hommes, dit George Fitzhugh, un des plus éloquents défenseurs de l'esclavage, il est des hommes qui naissent tout bâtés, et il en est d'autres qui naissent armés du fouet et de l'éperon… Toute société qui veut changer cet ordre de choses institue par Dieu même est condamnée d'avance à la destruction ! » Dût le monde entier les abandonner, les planteurs se resteront fidèles à eux-mêmes ; ils maintiendront sans hésitation la légitimité de l'esclavage, car c'est là une question de vie et de mort pour leurs institutions ainsi que pour leurs personnes. Dans un élan d'éloquence, le gouverneur d'un état du sud, M. Mac Duffie, s'écriait : « L'esclavage est la pierre-angulaire de notre édifice républicain ! » Quel effrayant aveu ! Ainsi. Washington en fondant la patrie américaine, Jefferson en inscrivant en tête de la constitution nationale la déclaration que tous les hommes sont nés égaux, auraient fait reposer la liberté des blancs sur l'esclavage de leurs frères noirs ! Ainsi cette terre de liberté, celle vers laquelle se sont pendant un demi-siècle tournés les yeux de tous les opprimés d'Europe, vers laquelle coule incessamment un fleuve d'hommes cherchant à la fois le bien-être et l'indépendance, cette terre doit être éternellement le cachot de plusieurs millions de noirs, afin d'assurer aux blancs le bonheur qu'ils viennent chercher ! Pour expliquer son assertion, le gouverneur Mac Duffie affirme que, dans toute république viable, le pouvoir doit nécessairement appartenir à une minorité intelligente et riche ; or le meilleur moyen de lui assurer ce pouvoir n'est-il pas d'asservir une moitié de la population en intéressant l'autre moitié à l'état de choses existant par la certitude de tout perdre, si une insurrection vient à triompher ? D'un côté, la conservation de la république repose donc sur la terreur des esclaves ; de l'autre, la paix n'est garantie par les appréhensions des maîtres qu'à la seule condition d'un effroi général. Que tous tremblent, les blancs en présence des noirs, les noirs en présence des blancs : le salut de la patrie est assuré ! Telle est pour les esclavagistes américains la garantie suprême du maintien de leurs institutions prétendues libres.

L'exclamation de M. Mac Duffie ne se rapporte pas seulement aux états à esclaves, elle se rapporte aussi d'une manière générale à la république américaine tout entière. Elle n'est heureusement point encore vraie, mais elle tend à le devenir, et si les états du nord ne rejettent pas définitivement toute complicité avec ceux du sud, ils seront malgré eux entraînés dans la même voie. Plus puissants, plus riches, plus nombreux que leurs voisins, les hommes du nord ont néanmoins jusqu'à présent cédé sur toutes les questions importantes. Par le compromis de 1820, ils ont permis l'annexion du Missouri aux terres de l'esclavage ; ils ont laissé arracher au Mexique l'état du Texas, aujourd'hui transformé en pépinière d'esclaves ; ils ont abandonné la cause des colons du Kansas et pour ainsi dire autorisé la guerre sauvage qui ensanglanta ce territoire ; ils ont voté la loi des esclaves fugitifs et décrété que le nègre, en s'échappant, volait son propre corps ; ils ont, par la voix du congrès, permis aux planteurs d'introduire leur propriété *vivante* dans les territoires

2. Les planteurs et les abolitionnistes

malgré la volonté des habitants ; par la voix du tribunal suprême, qui est la conscience nationale elle-même, ils ont refusé tous les droits de l'homme au nègre libre. Encore aujourd'hui ils prêtent leurs agents et leurs soldats pour maintenir l'esclavage, empêcher l'insurrection servile, ramener les nègres fugitifs ; ils célèbrent avec les planteurs les mêmes fêtes en l'honneur d'une liberté qui n'existe que pour les blancs. La constitution elle-même s'en va à la dérive, emportée, comme une barque rompue, par un flot de lois et de décrets rendus en l'honneur de l'esclavage. Puisque les hommes du nord n'ont cessé d'imaginer des compromis avec les oppresseurs de la race noire, ils sont devenus complices et solidaires de leurs actes ; ils n'ont pas même, comme Pilate, le droit de se laver les mains et de se proclamer innocents du sang injustement répandu. Le mal est très envahissant de sa nature : si les états du nord ne séparent pas nettement leur cause de celle des esclavagistes, leur liberté sera attaquée de la gangrène, et la parole de M. Mac Duffie deviendra complètement vraie : « L'esclavage est la pierre angulaire de notre édifice républicain ! » Ces institutions du sud, où les habitudes de la liberté se mélangent d'une manière intime avec les horreurs de l'esclavage, exercent une influence tellement délétère que, même à Libéria, cette république de nègres modelée sur le type de la république américaine, la servitude a été rétablie avec tout son cortège de crimes. L'esclavage domestique y existe ainsi qu'aux États-Unis, les indigènes y sont achetés, vendus, battus et méprisés par leurs nouveaux maîtres, comme le sont les nègres d'Amérique par leurs maîtres blancs [3]. « Les nouveau-venus sont étonnés, dit un missionnaire noir de Libéria, en voyant les riches et les pauvres de la république fouetter impunément leurs serviteurs ; mais on s'y habitue facilement, et l'on voit dans cet usage du fouet non plus une injustice, mais un mal nécessaire. »

On voit que les esclavagistes occupent une position très forte, puisqu'ils s'appuient sur la propriété et sur la société elle-même ; mais leur plus solide alliée est la religion. Affirmant, avec la plupart des sectes chrétiennes, que le texte de la Bible est littéralement inspiré par Dieu même, ils disent accepter les paroles de ce livre comme la règle de leur conduite. En effet, les textes bibliques ne leur manquent point pour justifier l'esclavage. Ils racontent avec onction l'histoire de la malédiction de Cham ; ils prouvent que, dans le Décalogue même, la possession d'un homme par un autre homme est formellement reconnue ; ils établissent sans peine que maintes et maintes fois les législateurs et les prophètes, se disant inspirés de Dieu, ont voué à l'esclavage ou à la mort les Jébusiens, les Édomites, les Philistins et autres peuplades qui guerroyaient contre les Hébreux. Ils affirment aussi, en s'appuyant sur les textes, que l'Évangile sanctionne implicitement la servitude, et ils citent l'exemple de saint Paul renvoyant à son maître un esclave fugitif. Forts de cet appui, ils en appellent solennellement au *grand juge* dont ils se disent les apôtres : ils maudissent les abolitionistes comme des blasphémateurs, des contempteurs de la parole divine ; ils condamnent au feu à venir, comme du haut d'un tribunal céleste, tous ceux qui voient un crime dans l'achat de l'homme par l'homme. Ayant ainsi mis de leur côté le Dieu des armées, ils peuvent tout se permettre ; ils peuvent décréter le rétablissement de la traite, la mise en esclavage de tous les nègres libres, au besoin la mort pour l'abolitioniste blanc : n'ont-ils pas pour eux l'exemple des prophètes, des juges et des rois inspirés de la Judée ? Le premier acte de la législature de la Caroline du sud, en proclamant son indépendance, a été de décréter un jour de jeune solennel et d'invoquer le Tout-Puissant « comme il convient à un peuple moral et religieux. »

II

Le problème de l'esclavage, un des plus terribles sans aucun doute qui aient jamais été posés devant le genre humain, serait-il donc insoluble par des moyens pacifiques ?

Le moyen qui se présente au premier abord à l'esprit, — le rachat intégral des esclaves américains, — ne serait praticable que s'il y avait accord entre tous les peuples civilisés en vue de ce résultat, car les finances d'aucun gouvernement isolé ne pourraient subvenir à une semblable dépense. En 1848, la France a payé 126 millions le rachat de ses esclaves, l'Angleterre avait voté dès 1837 la somme bien plus considérable de 500 millions pour le même objet ; mais si le gouvernement des États-Unis voulait faire de tous les esclaves américains autant d'hommes libres en les achetant à leurs propriétaires, il faudrait, en adoptant l'évaluation minime de 1,000 dollars par tête, grever le budget national d'une somme de II milliards 200 millions de dollars, soit plus de 20 milliards de francs. Quand même les planteurs, avec une générosité dont ils n'ont guère donné de preuves, se contenteraient de l'ancienne évaluation fictive de 600 dollars par esclave, évaluation adoptée jadis pour fixer la quote-part des impôts, l'indemnité serait encore de 12 milliards. En outre les propriétaires d'esclaves réclameraient sans aucun doute 12 milliards de plus pour les dédommager de la baisse subite et inévitable du prix des terres. Quoi qu'il en soit, il est manifestement impossible de trouver pour le rachat des esclaves cette immense rançon à laquelle chaque année qui s'écoule ajoute quelques centaines de millions de plus. Admettons cependant que cette effroyable somme puisse être payée, et que les nègres, esclaves aujourd'hui, redressent enfin leurs têtes : la question terrible n'est pas encore résolue, les blancs et les noirs ne cessent point d'être ennemis irréconciliables, l'abîme de haine les sépare toujours, et le souvenir du passé condamne la race nègre à la misère ou à la mort. « Si on libère nos esclaves, me disait un planteur, excellent homme qui se calomniait certainement lui-même, mais ne calomniait point sa caste, qu'on nous en paie d'abord la valeur intégrale, puis qu'on se hâte de les éloigner du pays, car, je vous l'affirme, dix ans après le jour de l'émancipation, il ne resterait plus un seul nègre dans le pays ; nous les aurions tous exterminés à coups de carabines. » Le sénateur Hammond prétend que les nègres donneraient le signal de l'attaque, mais la conclusion à laquelle il arrive est la même que celle du planteur : « Avant que plusieurs lunes ne fussent révolues, s'écrie-t-il, la race africaine serait massacrée ou de nouveau réduite en esclavage ! » Ainsi l'émancipation pacifique semble impossible, et la lutte menace de se terminer comme à Saint-Domingue par l'expulsion ou l'extermination de l'une des deux races ennemies.

Épouvantés de la perspective de guerre et de désordre offerte par l'émancipation la plupart des abolitionistes, et Mme Beecher Stowe entre autres, proposent de renvoyer tous les nègres libres en Afrique, et de leur donner à coloniser et à civiliser ces côtes de Guinée où leurs ancêtres ont été jadis volés par les négriers. Cette solution du problème est tout simplement impossible. Pour exiler ainsi les esclaves libérés du sol de l'Amérique, il faudrait d'abord obtenir le consentement des nègres, dont les conditions d'hygiène ont été changées par le climat du Nouveau-Monde, et qui redoutent à juste raison le climat à la fois humide et torride de l'Afrique tropicale. Si on les transportait malgré eux, on se rendrait coupable d'un forfait semblable à celui qu'on a commis envers leurs ancêtres ; on organiserait sur une échelle gigantesque la proscription en masse de plusieurs milliers d'hommes. Non, puisqu'on a arraché les nègres à leur première patrie, qu'on les laisse maintenant dans celle qu'on leur a donnée ! Ils sont nés en Amérique, ils y ont passé leur enfance, ils y ont souffert : qu'ils puissent enfin y être heureux ! Ils y ont été torturés par des maîtres : qu'ils deviennent citoyens et jouissent de la liberté ! Le même sol qui a vu leur avilissement doit être le théâtre de leur réhabilitation. Si plusieurs d'entre eux veulent contribuer par leur travail à la prospérité de Libéria, les rapports entre les deux continents et les progrès de la civilisation ne peuvent qu'y gagner ; mais n'est-il pas probable et même certain que presque tous les nègres de l'Amérique du Nord se grouperont peu à peu dans les îles merveilleuses de la mer azurée des Caraïbes, sur les plages du golfe du Mexique, dans l'Amérique tropicale, où leurs frères ont déjà fondé diverses républiques douées de tous les germes d'une grande prospérité future ? Qui sait même si les magnifiques pays que l'ambition du flibustier Walker avait baptisés du nom d'*empire indien* ne formeront pas quelque jour une vaste république de nègres ?

Si les gouvernements des états du sud étaient sages, ils tâcheraient de conjurer les dangers de l'avenir par une émancipation graduelle des esclaves. Ils devraient d'abord proclamer la liberté de tous les négrillons nés ou à naître sur leurs plantations, puis les faire soigneusement instruire dans les écoles publiques professionnelles, et les rendre maîtres absolus de leurs actions à l'âge de vingt ans. Tel est, moins l'instruction gratuite et obligatoire, le moyen qu'ont adopté la plupart des états du nord et diverses républiques de l'Amérique espagnole, afin d'obtenir l'extinction graduelle de l'esclavage ; telle était aussi la loi que la législature de la Virginie fut sur le point de voter dans les sessions de 1831 et de 1832, et qu'elle rejeta par haine des partis abolitionistes qui commençaient à agiter l'empire. On devrait aussi permettre aux esclaves de se louer eux-mêmes et de se racheter graduellement en accumulant leurs petites épargnes, accorder au fils libre, ainsi que le stipulait dans les colonies françaises la loi connue sous le nom de loi Mackau, le privilège de libérer par son travail son père, sa mère, ou les autres membres de sa famille. Surtout il faudrait relever les nègres à leurs propres yeux en offrant la liberté en prime à tous les esclaves qui se distingueraient par leur amour du travail, leur intelligence, leurs nobles actions : en prévision de la liberté, on formerait ainsi une génération qui en serait digne. Ces mêmes planteurs qui ont pu décider le gouvernement fédéral à faire offrir plusieurs fois la somme de 200 millions de dollars, plus d'un milliard de francs, pour l'achat de l'île de Cuba, c'est-à-dire pour l'annexion d'un million d'esclaves et l'aggravation des dangers qui les menacent, pourraient bien consacrer cette même somme à la transformation d'un peuple d'esclaves en un peuple d'hommes libres. En ayant recours à l'expédient de l'émancipation graduelle, les planteurs éviteraient une effroyable guerre de races, sans avoir à craindre de se réduire eux-mêmes à la mendicité. Pendant toute la durée d'une génération, ils auraient le temps de se préparer à l'avènement de la liberté, ils s'accoutumeraient à voir à côté d'eux une foule toujours grossissante de nègres libres ; ils se débarrasseraient peu à peu de leurs préjugés et de leurs haines, et devant le monde se libéreraient du crime qui pèse maintenant sur eux et les signale à la répulsion de tous.

Certains abolitionistes espèrent que les évasions de nègres finiront par diminuer sensiblement le nombre des esclaves, et forceront peu à peu les maîtres à abandonner par lassitude leurs titres de propriété. Malheureusement ces âmes naïves ne se font aucune idée des obstacles presque insurmontables que rencontrent les nègres ou les hommes de couleur fugitifs. Il est nuit : au clair de la lune, l'esclave évadé voit disparaître derrière les champs de cannes les lourdes cheminées de l'usine et les pacaniers de la cour seigneuriale. Il s'échappe par les fossés d'écoulement, afin qu'on ne puisse suivre ses traces, puis il s'enfonce dans la forêt sous les sombres cyprès aux racines noyées. Malgré les serpents enroulés autour des troncs, malgré les chats-tigres qui rôdent au milieu des touffes de lataniers, malgré les hurlements lointains, toutes ces voix stridentes ou sifflantes qui sortent des fourrés, malgré les frolements des pas à demi étouffés, il court, redoutant moins les terreurs de la forêt

Élisée Reclus

mystérieuse que la case où il vient de laisser femme, enfants, amis, sous la menace du fouet de l'économe. Arrivé au bord d'un marécage, il s'y jette, son couteau entre les dents, et nage dans la vase liquide, effarouchant les crocodiles qui plongent à ses côtés et vont chercher une retraite au plus épais des roseaux. Il atteint l'autre bord tout couvert de limon et continue sa route, guidé seulement par les étoiles qu'il entrevoit à travers le branchage. Il faut qu'au lever du jour il ait mis entre son maître et lui une large zone de forêts et de *bayous*, il faut que les chiens cubanais, dogues au poil roux, agiles comme des lévriers et dressés à la chasse de l'homme, perdent sa piste et ne puissent le traquer dans sa retraite. Il n'a pour nourriture que des reptiles, les jeunes pousses des lataniers, ou les fruits du nénuphar à grand'peine recueillis sur la surface des eaux : peu lui importerait s'il avait du moins la conscience de sa liberté et s'il osait regarder de l'œil d'un homme libre cette nature inhospitalière dont il tente les solitudes inviolées ; mais ses membres tremblent comme la feuille, à chaque instant il croit entendre les courts aboiements du terrible chien de chasse, il s'attend à voir à travers le feuillage reluire le canon de la carabine du maître. Malgré sa fuite, il ne s'appartient pas : il est toujours esclave ; il ne peut jouir un seul moment de sa liberté si chèrement achetée. Le jour, il se blottit dans les broussailles à côté des serpents et des lézards ; la nuit, il marche vers le nord ou vers l'ouest, se hasardant parfois sur la lisière de quelque plantation pour cueillir des épis de maïs où déterrer des pommes de terre.

Pendant ce voyage de mille lieues entrepris dans l'espoir presque insensé d'atteindre la terre de liberté dont il a vaguement ouï parler, qu'il se garde surtout de se laisser entrevoir par un homme à peau blanche ou même par un noir, frère corrompu qui pourrait le trahir ! Qu'il soit plus solitaire et plus farouche que le loup, car on le considère aussi comme une bête fauve, et si le bruit de son passage se répand, on organise aussitôt une battue pour sa capture. Chaque homme est son ennemi, le blanc parce qu'il est libre, le nègre parce qu'il est encore esclave ; il ne peut compter que sur lui-même dans cet immense territoire, qu'il mettra des mois ou des années à franchir ! Le plus souvent, il n'arrive pas au terme de son voyage ; il se noie dans quelque marécage, il meurt de faim dans la forêt, ou bien il est suivi à la piste par des chasseurs d'hommes,

2. Les planteurs et les abolitionnistes

saisi à la gorge par le dogue d'un planteur et mené à coups de fouet dans la geôle la plus voisine. Là on commence par le flageller jusqu'au sang, on lui met au cou un collier de fer armé de deux longues pointes qui se recourbent en cornes de chaque côté de la tête ; puis on le condamne aux travaux forcés jusqu'à l'arrivée du maître.

La perspective de tant de dangers à braver et d'un si terrible insuccès effraie la plupart des esclaves qui désireraient recouvrer leur liberté ; le nombre de ceux qui tentent ainsi l'impossible n'atteint probablement pas deux mille par an, et la population totale des nègres réfugiés dans les provinces anglaises du Canada s'élève au plus à quarante ou quarante-cinq mille. Même parmi les esclaves fugitifs, on aurait tort de voir toujours des amans de la liberté capables de braver famine et dangers pour redresser la tête en levant vers le ciel leurs mains libres d'entraves. La plupart des nègres *marrons*, abrutis par la servitude, ne cherchent à s'assurer que le loisir. D'ordinaire ils s'enfuient avant le commencement des grands travaux de l'année, et pendant que leurs compagnons d'esclavage abreuvent les sillons de leurs sueurs, ils sont nichés dans un gerbier d'où ils surveillent d'un œil superbe tous les travaux de la plantation, ou bien ils parcourent les cyprières à la poursuite des sarigues et des écureuils. La nuit, ils s'introduisent dans les cours, comme des renards, pour voler des poules et des épis de maïs. Les planteurs connaissent la mollesse et la lâcheté de ces nègres et s'abstiennent de les poursuivre, sachant bien qu'ils viendront se livrer tôt ou tard. En effet, quand ces fugitifs commencent à maigrir, quand ils sont las de leurs courses aventureuses dans la forêt, et que la saison des grands travaux est passée, ils se présentent de nouveau devant leurs maîtres, et ils en sont quittes pour une cinquantaine de coups de fouet et un carcan de fer autour du cou. Que leur importe ? L'année suivante, à pareille époque, ils recommenceront leurs douces flâneries à travers les bois et les champs. Il n'est peut-être pas dans les États-Unis une seule grande plantation qui ne compte un ou plusieurs de ces nègres coutumiers de *marronnage*. En revanche, on cite à peine un ou deux exemples d'esclaves qui aient refusé tout travail par sentiment de leur dignité et préféré se suicider sous les yeux de leurs maîtres ou se casser le bras dans les engrenages de l'usine. Ce refus héroïque du travail, si général chez les Indiens réduits en esclavage, est extrêmement rare chez le nègre ; pour s'affranchir, il court rarement au-devant de la mort.

Dans les conditions actuelles, une sérieuse insurrection des esclaves américains semble assez improbable, et ceux qui font de la liberté des noirs l'espérance de leur vie ne doivent guère compter sur une émancipation violente pour un avenir prochain. Livrés à eux-mêmes, les nègres d'Amérique ne se révolteront certainement pas, car ils n'ont jamais connu la liberté. Au moins les esclaves de Saint-Domingue se rappelaient en grand nombre les plages et les marais de l'Afrique, les fleuves, les lacs immenses et les forêts de baobabs ; ils avaient des traditions de liberté. L'esclave américain est né dans l'esclavage, son père avant lui et son grand-père étaient esclaves ; toutes ses traditions sont des traditions de servitude ; il voit tous ses ancêtres une bêche à la main, son maître est devenu pour lui une institution, le destin lui-même ; rêver la liberté, c'est rêver l'impossible. Aussi dur que soit son labeur, il y est habitué autant qu'on peut l'être ; les coups de fouet sont pour lui un des nombreux, mais nécessaires désagréments de la vie. Il les subit avec une résignation de fataliste, car il a perdu ce désir de vengeance brutale du barbare qui frappe quand il est frappé, et il n'a pas encore la dignité de l'homme libre qui brise en même temps les entraves morales et les chaînes de fer. Aussi les propriétaires d'esclaves redoutent fort peu une insurrection spontanée, ils feignent même de ne craindre aucun mouvement sérieux dans le cas d'une guerre avec l'étranger ou avec les états du nord ; d'après eux, le nègre asservi n'est jamais un homme et ne peut comprendre le langage de la liberté. Il est possible en effet qu'à l'origine même d'une guerre la population esclave restât soumise : lors de la courageuse tentative de John Brown, on a vu les nègres libérés refuser eux-mêmes de prendre les armes ; habitués à l'obéissance, ils demandaient à continuer leurs travaux serviles, comme si l'heure de la liberté n'eût pas déjà sonné. Les dangers ne pouvaient devenir imminents pour les maîtres que si cette lutte, commencée par des blancs, se fût prolongée pendant quelques semaines.

À tort ou à raison, les planteurs du sud voient plus de sécurité que de sujets de crainte dans la possession d'un grand nombre d'esclaves, car plus ils auront de nègres à leur service, et plus ils décourageront le travail libre, forçant à l'émigration tous les blancs non propriétaires d'esclaves. Leur idéal serait de rester seuls dans

2. Les planteurs et les abolitionnistes

le pays avec leurs chiourmes de noirs, sans que personne vînt jamais s'ingérer dans leurs affaires. Aussi demandent-ils impérieusement le rappel des lois qui abolissent la traite, ils réclament le droit inaliénable des citoyens libres de pouvoir voler des noirs par milliers sur les côtes d'Afrique, pour les faire travailler dans les marais fiévreux des Carolines et de la Floride. Plusieurs fois les législateurs de la Caroline du sud et des états limitrophes ont demandé que les nègres capturés sur les navires négriers par les croiseurs américains fussent vendus comme esclaves, et déjà en 1858 les officiers fédéraux ont été obligés de faire pointer les canons d'un fort sur la populace de Charleston pour sauver une cargaison de noirs délivrés.

En fait, la traite des nègres, officiellement abolie en 1808 malgré l'opposition du Massachusetts et de quelques autres états, est rétablie, et s'exerce avec le même accompagnement d'horreurs qu'autrefois. Des armateurs de Boston, de New-York, de Charleston, de la Nouvelle-Orléans, fondent des sociétés par actions de 1,000 dollars chacune, et font appel aux capitaux, comme ils le feraient pour une entreprise commerciale ordinaire. La perspective d'un bénéfice considérable attire un grand nombre de bailleurs de fonds, et bientôt de magnifiques navires, dont la destination n'est un mystère pour personne, mais qui sont munis de papiers parfaitement en règle, quittent le port et cinglent vers La Havane, où ils prennent leur provision d'eau, — du rhum et des fusils pour commercer avec les marchands de nègres, — des ceps et des menottes pour amarrer leur cargaison future. D'avance la compagnie expédie sur les côtes de Guinée ou de Mozambique des agents chargés d'acheter des esclaves et de signaler aux négriers la présence des croiseurs par de grands feux allumés sur la plage ; quelquefois aussi elle envoie à la côte d'Afrique de petits navires pourvus des provisions nécessaires. Les bâtiments de la compagnie, souples et légers *clippers* qui volent comme des oiseaux devant la brise, mouillent à l'endroit convenu, embarquent les hommes troqués, contre quelques barriques d'eau-de-vie, et remettent aussitôt le cap sur l'île de Cuba, où des autorités complices vérifient les marchandises et visent les papiers du capitaine. Si les navires, malgré leur agilité, ne peuvent échapper à la poursuite des frégates anglaises, il leur reste toujours la suprême ressource de hisser l'inviolable drapeau américain. Se mettant ainsi

Élisée Reclus

sous la protection de la glorieuse république, ils peuvent être sûrs d'être épargnés, et quand même ils seraient menés dans un port des États-Unis, à Norfolk ou à New-York, ils n'ignorent point que la complicité morale et les temporisations de leurs juges les rendront bientôt à la liberté.

Les profits d'un pareil commerce sont énormes. Autrefois, lorsqu'un seul navire sur trois échappait, aux croiseurs, le négrier réalisait un bénéfice considérable, et depuis que de grandes compagnies d'actionnaires ont remplacé l'industrie privée, les profits ont singulièrement augmenté, car les risques diminuent progressivement à mesure qu'on emploie un plus grand nombre de bâtiments. On a calculé qu'en sauvant un seul navire sur six, on pourrait, par la vente de la cargaison humaine, réaliser encore un très joli bénéfice, défalcation faite de toutes les dépenses. Or les croiseurs anglais et américains ne capturent guère qu'un négrier sur trois, et l'esclave acheté de 20 à 100 francs sur la côte de Guinée est revendu en moyenne plus de 1,000 fr. aux planteurs de Cuba. Les capitaines de navires négriers, après avoir débarqué leur cargaison abandonnent parfois leurs bâtiments au milieu des écueils ; la perte d'un navire ébrèche à peine leur énorme bénéfice. Un négrier, don Eugenio Vinas, a réalisé en 1859, à son quatre-vingt-cinquième voyage, sur une cargaison de douze cents nègres, dont quatre cent cinquante sont morts en route, un bénéfice net de 900,000 fr., sans compter 500,000 fr. distribués généreusement aux autorités cubanaises. En 1857, on estimait les profits des sociétés de traite à 1,400 pour 100 dans la seule année. Ce sont là des chiffres de nature à faire impression sur les spéculateurs *yankees* ; aussi les actions des compagnies de négriers sont-elles en grande faveur sur les marchés de New-York et de Boston, et les navires qui vont acheter du *bois d'ébène* sur la côte de Guinée sont accompagnés dans leur traversée par les vœux de bien des négociants, d'ailleurs très pieux et très honorables. Dans les deux seuls mois de mars et d'avril 1858, cinquante navires, presque tous américains et pouvant contenir environ six cent cinquante esclaves chacun, sont partis de La Havane. On peut évaluer à quatre-vingt-dix environ le nombre des bâtiments employés au service de la traite entre l'Ile de Cuba et l'Afrique. Quarante mille esclaves sont débarqués chaque année dans les ports de l'île : c'est donc bien inutilement que les

2. Les planteurs et les abolitionnistes

vaisseaux anglais croisent depuis quarante ans dans l'Atlantique à la recherche des négriers ; le milliard dépensé par le gouvernement anglais pour les croisières n'a servi qu'à rendre la traite plus horrible.

Ces quarante mille noirs ne restent pas tous dans l'île de Cuba ; un grand nombre d'entre eux sont importés aux États-Unis sur des bateaux pêcheurs. En outre, des cargaisons d'esclaves sont directement expédiées de Guinée aux états du sud, ainsi que l'a prouvé l'affaire du négrier *Wanderer*. Cependant, en Amérique comme en tant d'autres colonies, on cherche à recruter de nouveaux esclaves sous le nom moins odieux d'engagés ou d'immigrants libres. Ainsi la législature de la Louisiane a récemment chargé la maison de commerce Brigham d'introduire dans l'état deux mille cinq cents Africains libres, à la condition d'obtenir de ces Africains un engagement pour une période d'au moins *quinze* années. Les raisons invoquées par le rapporteur sont d'une étrange hypocrisie. À l'en croire, il s'agit surtout d'assurer le bonheur de ces noirs, de les faire passer de la servitude la plus abjecte, des ténèbres de l'intelligence, de la dégradation morale, à une liberté relative, à une vie de travail adoucie par l'influence heureuse du christianisme ; il s'agit de procurer à ces infortunés Africains toutes les douceurs de la vie des esclaves d'Amérique, « les gens les plus heureux qui vivent sous le soleil... D'ailleurs l'introduction de nègres *libres* dans l'état et leur vie en commun avec les esclaves ne peuvent créer aucun danger, car la couleur de leur peau, leur ignorance, leurs habitudes, le genre de travail qu'on exigera d'eux, les mettront exactement sur le même niveau que les esclaves déjà établis dans le pays. Et quand le terme de leur engagement sera expiré, il nous suffit de dire *we need say no more*) qu'ils pourront s'engager de nouveau, ne fût-ce que pour une période qui leur permette d'acquérir les moyens de retourner dans leur patrie ou dans la république de Libéria, dont ils apprécieront les institutions libérales et chrétiennes, grâce à l'apprentissage qu'ils en auront fait sur le sol américain. » Enfin le rapporteur termine par un argument devant lequel toute opposition doit céder. » Ceux, dit-il, qui, sous prétexte d'humanité ou de philanthropie chrétienne, repoussent l'introduction sur le sol louisianais de ces Africains sauvages, ignorants, dégradés, non-seulement s'appuient sur de faux, raisonnements, mais encore, sans le savoir, se rangent du côté de nos adversaires, les abolitionistes du nord ! » Qui peut douter, après cette harangue, que la prétendue immigration libre ne soit en réalité l'esclavage lui-même sous une forme non moins, odieuse ?

Quel sera le résultat inévitable du rétablissement de la traite, si les états du sud, libres enfin d'agir à leur guise, en arrivent à violer ouvertement les lois fédérales ? Ce sera l'aggravation de la mortalité parmi les nègres d'Amérique, et par conséquent le manque de bras. Il deviendra plus coûteux d'élever un enfant noir pendant de longues années que d'acheter un robuste travailleur. Sans que pour cela les maîtres aient conscience de leur barbarie, ils s'occuperont moins de la santé des négrillons, et ils les laisseront mourir, ou bien, comme les planteurs de Cuba, ils n'achèteront plus de femmes et n'importeront que des hommes dans la force de l'âge. Le marché étant constamment fourni de travailleurs à bas prix, les planteurs craindront aussi beaucoup moins de surmener leurs nègres. Ce qui s'est vu, à la Jamaïque, dans les petites Antilles, au Brésil où, malgré l'introduction constante de nouveaux esclaves, le nombre total de la population de couleur diminuait constamment, se renouvellera peut-être aux États-Unis. En même temps les besoins des planteurs développeront la traite sur une échelle toujours plus étendue, et l'Afrique ne sera plus considérée par eux que comme un immense dépôt où il suffira de puiser pour combler les vides faits dans les rangs des esclaves américains. Ne voyons-nous pas les habitants de Maurice et de la Réunion s'occuper bien plus de faire venir de nouveaux travailleurs que d'utiliser ceux qu'ils ont déjà sous la main ? Et cependant ces créoles n'ont pas, comme les planteurs de l'Amérique, le malheur d'être les maîtres absolus des hommes qu'on leur amène de par-delà les mers.

Les faits que nous ayons cités prouvent combien sont difficiles à surmonter les obstacles qui s'opposent à la libération des esclaves d'Amérique ; mais, il faut l'avouer avec tristesse, ce qui fait la plus grande force des esclavagistes, ce n'est pas leur terrible solidarité, ni l'audace effrayante avec laquelle ils se jettent dans les hasards de la traité ; ce n'est pas la lâcheté ni l'ignorance de leurs nègres : c'est l'inconséquence de leurs ennemis du nord. On sait combien il est facile de se laisser abuser par les mots et d'accepter paresseusement des opinions toutes faites, même à l'endroit des choses les plus graves. C'est ainsi que dans le monde entier la plupart de ceux qui s'occupent plus ou moins vaguement de politique sont d'accord pour admettre que les abolitionistes n'ont d'autre vœu que l'émancipation des noirs, leur admission comme citoyens dans la grande communauté républicaine, la fraternité des races, la réconciliation universelle. Hélas ! il en est tout autrement, et la plupart des abolitionistes ne réclament l'extinction de l'esclavage que pour éviter aux blancs la concurrence du travail servile : c'est par haine, non par amour des noirs, qu'ils demandent l'affranchissement des déshérités, Certainement il est dans les rangs du parti républicain bien des hommes de dévouement et d'héroïsme qui voient des frères dans ces esclaves à peau noire, et ne craindraient pas de donner leur vie pour la cause de la liberté. Garrison, l'imprimeur indomptable, Dana, Gerritt Smith, bien d'autres encore se laissent abreuver d'outrages, et rien n'a pu dompter leur énergique amour de la race vaincue ; le publiciste Bayley, sachant qu'un mot de liberté prononcé devant les opprimés vaut mieux que de grands discours tenus à des hommes libres, installe ses presses dans le Kentucky en plein territoire ennemi, et pendant plusieurs années, aidé de ses nobles fils et de ses ouvriers, repousse les attaques des incendiaires et des assassins ; Sumner, indignement insulté et battu comme un esclave en plein sénat, devant les représentants de la république, retourne courageusement à son poste combattre ces ennemis qui, ne pouvant lui répondre, ont voulu le déshonorer ; Thomas Garrett, le quaker héroïque, procure pendant sa vie une retraite, des secours et la liberté à plus de deux mille esclaves fugitifs ; John Brown et ses compagnons luttent noblement et meurent plus noblement encore. Une femme aussi, Mme Beecher Stowe, a pu intéresser le monde entier à la cause du nègre opprimé ; elle a fait pleurer d'innombrables lecteurs, elle a du coup rangé parmi les abolitionistes toutes les femmes, tous les enfants, tous les cœurs accessibles à la pitié. Et que dire de tant d'autres héros aux noms inconnus, qui, au mépris des lois iniques de leur patrie, ont délivré des esclaves, les ont aidés dans leur fuite vers le Canada, les ont défendus au péril de leur vie, et, saisis par les planteurs, ont été pendus à une branche sans autre forme de procès ? Le nombre de ces hommes de cœur a, nous le croyons, beaucoup augmenté dans ces dernières années ; malheureusement il n'est pas encore assez

Élisée Reclus

considérable pour constituer un parti, et ceux qui entreprennent la croisade électorale contre l'esclavage, ceux qui nomment la majorité des représentants dans le congrès de Washington et tiennent aujourd'hui le sort de là république entre leurs mains, sont animés en général par des mobiles tout autres que le dévouement et la justice : ils ont en vue leurs intérêts matériels, et non le bonheur des nègres. Dans leurs philippiques contre les habitants du sud, les hommes du nord ne sont pas avares des mots de justice et de liberté ; mais on ne s'aperçoit point que, dans leurs propres états, ils s'efforcent d'élever les nègres à leur niveau. Des prédicateurs de la Nouvelle-Angleterre tonnent du haut de leurs chaires contre le péché de l'esclavage, des poètes marquent dans leurs vers brûlants les ignobles marchands d'esclaves, des comités de dames se réunissent pour lire des brochures abolitionistes, des ouvriers s'assemblent en tumulte pour arracher un esclave fugitif des mains de ses persécuteurs ; mais ces défenseurs si zélés pour la cause de leurs frères asservis dans les plantations lointaines ne se souviennent pas qu'ils ont près d'eux des frères noirs qu'ils pourraient aider et aimer : ils ne, peuvent chérir les nègres s'ils n'habitent au sud du 36e degré de latitude.

On l'a vu récemment, lors de la guerre du Kansas entre les planteurs du Missouri et les colons venus de New-York et du Massachusetts. Dans ce nouveau territoire, les hommes de liberté et les hommes d'autorité s'étaient donné rendez-vous en champ clos : l'avenir était aux prises avec le passé, la république démocratique avec la féodalité esclavagiste. Que n'espérait-on pas de cette lutte suprême entre les deux principes, de ce choc entre le bien et le mal ! Enfin les abolitionistes triomphants allaient travailler au bonheur de la race nègre si longtemps sacrifiée, ils allaient fonder un état où la liberté ne serait pas un vain mot, où la justice serait la même pour les hommes de toutes les races, où le soleil luirait également pour tous ! La fusion allait s'opérer entre les noirs et les blancs ; un refuge s'ouvrait à tous les fugitifs, la liberté conviait tous les esclaves à un banquet fraternel d'amour et de paix. C'était l'attente universelle, et les hommes de progrès tressaillaient d'aise en pensant à la victoire prochaine des abolitionistes de Lawrence et de Topeka. Qu'ont-ils fait cependant ? Au lieu de donner des armes aux nègres fugitifs et de leur dire : « Défendez-vous ! » ils

2. Les planteurs et les abolitionnistes

ont commencé par expulser tous les hommes de couleur qui habitaient le territoire ; puis ils ont inscrit en tête de la constitution qu'ils votaient une défense formelle à tout nègre, qu'il fût esclave ou libre, de jamais mettre le pied sur leur territoire. Le blanc seul peut avoir une patrie : peu importe que le noir vive ou meure sur la terre d'esclavage ; mais que jamais il ne vienne souiller de sa présence une terre de liberté ! Il est vrai que cette décision des *free-soilers* du Kansas n'a pas été acceptée par John Brown, Montgomery et d'autres abolitionistes militans qui ont libéré un grand nombre de nègres missouriens et les ont expédiés vers le Canada ; mais elle n'en a pas moins été rendue. Telle a été aussi la décision du nouvel état de l'Orégon, celle de l'Illinois et de plusieurs autres états qui ne manquent jamais d'envoyer au congrès de chauds défenseurs de la liberté. L'Ohio, qui s'était toujours vanté de sa généreuse hospitalité envers les nègres libres, vient de décider, par l'organe de sa cour suprême, que les enfants de couleur ne pourront désormais être admis dans les écoles primaires fréquentées par les blancs. À peine l'état de New-York avait-il donné la grande majorité de ses voix à M. Lincoln dans l'élection présidentielle de 1860, qu'il votait en masse contre la concession du droit de suffrage aux nègres qui ne possédaient pas 150 dollars. Après avoir vu les injustices commises parles esclavagistes contre les nègres, il nous est sans doute réservé de voir celles que commettront les abolitionistes triomphants.

La raison avouée de cette exclusion des noirs est une prétendue incompatibilité entre les hommes des deux races ; mais la raison véritable est que les nègres, en offrant leurs bras dans le grand marché du travail, font une concurrence sérieuse aux blancs et déterminent une dépréciation dans le taux des salaires. Quatre millions. d'esclaves, mal logés, mal vêtus, mal nourris, produisent le tabac et d'autres denrées à meilleur marché que les agriculteurs du nord ne peuvent les fournir ; de même, si des millions de nègres libres étaient admis dans les états du nord, tous les ouvriers blancs devraient immédiatement se contenter pour leur travail d'une rémunération comparativement bien plus faible qu'aujourd'hui : c'en est assez pour que les nègres soient mis au ban de la république. Une seule et même raison, la haine de toute concurrence, rend ainsi les habitants du nord à la fois abolitionistes et *négrophobes*. Que de fois à Cincinnati et dans d'autres grandes villes des états libres les ouvriers blancs se sont mis en grève pour obliger les propriétaires des fabriques ou les entrepreneurs de constructions à renvoyer les nègres qu'ils faisaient travailler ! Il en est de même à Saint-Louis, la métropole des états mississipiens et peut-être la future capitale des États-Unis. Dans cette ville, le parti négrophobe ou soi-disant républicain l'emporte d'ordinaire dans les élections municipales ; mais, sous prétexte de donner la liberté aux noirs, la plupart des votants n'ont en vue que de les affamer et de les exterminer par la misère. Les planteurs du Missouri, qui, lors de la guerre du Kansas, se sont hâtés de vendre leurs nègres sur les marchés du sud, afin de se prémunir contre l'insurrection de ces esclaves ou l'invasion des bandes de John Brown, sont aussi devenus abolitionistes à leur manière depuis que leur fortune ne repose plus sur le travail servile. N'ayant plus d'esclaves, rien n'est plus naturel pour eux que de se faire les ennemis acharnés de ceux qui en possèdent. Il ne faut donc point s'étonner si beaucoup de nègres intelligents redoutent leurs prétendus libérateurs bien plus encore que leurs maîtres : pour ceux-ci, ils ne sont que hors la loi ; pour les hommes du nord, ils sont souvent hors l'humanité.

Aussi la vie du nègre libre dans les états du nord, toujours plus que difficile, est-elle souvent même intolérable. Tandis que la population de couleur, augmente dans les états à esclaves avec une rapidité sans égale, elle reste stationnaire ou ne s'accroît qu'avec une extrême lenteur dans la prétendue terre de liberté. Le recensement de l'état de New-York prouve que le nombre des hommes de couleur a diminué de 3,000 en cinq années, de 1850 à 1855, tandis que la population blanche s'élevait de 3 millions à 3,500,000. En même temps la population de couleur se dégradait et s'avilissait par les débauches, s'atrophiait par des maladies de toute espèce. Dans la ville de New-York, qui compte environ 10,000 personnes de couleur, la plupart des hommes de sang mêlé tiennent des cabarets de bas étage, ou bien se promènent sur les quais du port à la recherche de travaux serviles ; les femmes, nées et élevées dans les taudis les plus affreux, se livrent à une abjecte prostitution ; les enfants, rongés de scrofules et de vermine, sont dès leur naissance de vils parias condamnés, à l'infamie. Les noirs et les mulâtres qui exercent une profession régulière dans la grande cité forment au plus la sixième partie de la population de couleur ; ils sont presque tous hommes de peine. Les six médecins, les sept instituteurs et les treize pasteurs comptés parmi eux en 1850 exerçaient leur profession uniquement au service de leurs frères de couleur. Dans les autres grandes villes du nord, les Africains, sans être aussi malheureux qu'à New-York, sont en général très misérables. Et pourquoi les noirs des états libres sont-ils ainsi en proie au vice, à la misère et à la maladie, si ce n'est parce que toutes les carrières honorables leur sont fermées et les ateliers interdits ? Ils ne peuvent travailler à côté du blanc, monter dans la même voiture, manger à la même table [4], s'asseoir dans la même église pour adorer le même Dieu. Les ministres, qui, du haut de leurs chaires, invoquent le Seigneur en faveur des opprimés de toutes les nations, s'abstiennent, par délicatesse envers les blancs, de dire un seul mot des nègres. Ceux-ci ont des voitures, des églises et des écoles à part. À Boston, capitale de l'abolitionisme, il n'existe qu'une seule école noire, et les enfants de couleur doivent s'y rendre d'une distance de plusieurs kilomètres. Et cependant les gens de sang mêlé ont une telle ambition de se rapprocher des blancs qu'ils fréquentent assidûment les rares écoles ouvertes pour eux, et sont en moyenne plus instruits que les blancs des états du sud [5] ; mais, en dépit de leurs efforts, ils sont rejetés dans le déshonneur.

Si les états du nord étaient une terre de liberté, comme on se plaît à l'affirmer, on pourrait compter par centaines de mille les esclaves fugitifs. En été, lorsque l'Ohio n'est plus qu'un mince filet d'eau serpentant à travers les galets, tous les esclaves des propriétés de la Virginie et du Kentucky situées sur ses bords pourraient s'enfuir sans difficulté et gagner la terre promise. Ainsi, de proche en proche, le vide se ferait dans les plantations des frontières, et bientôt les planteurs ne pourraient empêcher la désertion qu'en maintenant des armées permanentes ; mais les bords de l'Ohio sont gardés par l'égoïsme et l'avidité des riverains bien mieux qu'ils ne le seraient par une armée ou par une muraille de fer. Les nègres n'osent franchir le fleuve, parce qu'au-delà ils s'attendent à ne voir que des ennemis. Quand même les autorités fédérales n'oseraient les poursuivre dans la crainte de se heurter contre le patriotisme chatouilleux des habitants de l'Ohio, les fugitifs ne sauraient éviter la misère et la faim. Ainsi le point d'appui le plus solide de l'esclavage est le mépris que la grande majorité des soi-disant abolitio-

Élisée Reclus

nistes du nord affichent eux-mêmes pour les nègres. Les planteurs peuvent justement affirmer que leurs esclaves sont mieux soignés, mieux nourris, moins soupçonnés, moins méprisés et matériellement plus heureux que ne le sont les pauvres nègres libres du nord ; ils peuvent déclarer sans crainte d'être contredits, que les propriétaires les plus cruels envers les esclaves, ceux qui exercent leurs prétendus droits de maîtres avec la plus grande rigueur, sont des spéculateurs venus des états *yankees* ; ils prouvent aussi que presque tous les négriers sont armés et équipés dans les ports de New-York et de la Nouvelle-Angleterre au vu et au su de tout le monde. Entre les planteurs et la majorité des membres du parti républicain, il n'existe donc pas de lutte de principes, mais seulement une lutte d'intérêts. C'est là ce qui fait la force des esclavagistes : comme le satyre de la fable, ils ne soufflent pas tour à tour le froid et le chaud de leurs lèvres perfides.

Un signe infaillible du mépris dans lequel les gens du nord tiennent la race nègre, c'est qu'on n'entend jamais parler de mariages entre jeunes gens de race différente ; l'avilissement dans lequel le mépris public a fait tomber les nègres libres est tel que l'amour lui-même ne peut jamais les relever jusqu'à la dignité d'hommes. Sous ce rapport, la littérature américaine, reflet de la nation qui l'a produite, exprime bien par son silence l'antipathie universelle pour la race déchue. Le roman abolitioniste n'a point encore eu la hardiesse, d'unir par les liens de l'amour et du mariage un nègre intelligent, généreux, tendre, éloquent, avec la blanche fille d'un patricien de la république : c'est qu'en effet un semblable mariage serait considéré comme abominable par la morale américaine. Toute femme qui contracterait une semblable union perdrait sa caste comme la fille du brahmine épousant un paria, et bien des années s'écouleront peut-être avant qu'on puisse en citer un seul exemple.

III

Après avoir indiqué les obstacles qui s'opposent dans l'Amérique du Nord à la réconciliation de la race noire et de la race blanche, il est nécessaire de signaler les faits qui prouvent combien est instable l'équilibre d'une pareille situation et combien l'affranchissement des esclaves devient indispensable sous peine de déchéance et de ruine absolue pour les états du sud. Rien n'atteste mieux les funestes effets de l'esclavage que le contraste offert par les deux moitiés de la république américaine. Les états du sud semblent avoir tout ce qu'il faut pour distancer les états du nord dans la concurrence vers le progrès : terres d'une exubérante fertilité, ports excellents, baies intérieures, fleuves sans pareils, climat agréable, population intelligente. Les créoles sont en général grands, forts, adroits : l'instruction sérieuse et profonde est beaucoup plus rare chez eux que chez leurs compatriotes des états libres ; mais ils y suppléent par une grande présence d'esprit, un instinct divinatoire, Une remarquable abondance de paroles, de la clarté dans les discussions. La fréquentation des sociétés élégantes développe chez eux l'esprit, l'urbanité et d'autres qualités aimables ; l'habitude du commandement leur donne une démarche fière, un port de tête hautain, une manière de s'exprimer mâle et résolue. Comme les Spartiates qui montraient à leurs enfants les esclaves plongés dans l'ivresse, ils s'enorgueillissent en proportion du mépris qu'ils éprouvent pour leurs nègres avilis ; ils sont plus grands à leurs propres yeux de toute la distance qui les sépare des êtres qu'ils ont abrutis. Impatients de contradiction et pointilleux sur les questions d'amour-propre, ils se laissent souvent emporter par la colère, et quand ils croient leur honneur en jeu, ils ne craignent pas d'en appeler au jugement de la carabine ou de l'épée ; de là ces scènes de duels, de violence et de meurtres, si fréquentes dans les états du sud. Moins intéressés que les *Yankees*, ils ont pour passion dominante, non l'amour du gain, mais l'ambition du pouvoir, des honneurs, ou bien de ces succès divers qui donnent une réputation dans les salons élégants. Ils se disent et peut-être sont-ils en réalité mieux doués que leurs voisins du nord pour les carrières de la diplomatie et de l'administration. Les présidents de la république ont été pour la plupart choisis parmi eux, et les hauts fonctionnaires nés dans le midi sont beaucoup plus nombreux que le rapport des populations ne pourrait le faire supposer ; grâce surtout à la solidarité de leurs intérêts et à leurs immenses richesses, ils se sont graduellement emparés de presque toutes les hautes positions de la république. Si les titres nobiliaires étaient rétablis aux États-Unis, nul doute que les hommes du sud n'en obtinssent la plus grande part. Eux-mêmes, les fils des misérables et des persécutés d'Europe, se disent patriciens et prétendent que leur caste remplace avec avantage l'aristocratie héréditaire de l'ancien continent. Leur richesse, leur influence, le degré de respect qu'on leur accorde n'augmentent-ils pas avec le nombre de leurs esclaves, des boucauts de sucre ou des balles de coton qu'ils expédient ? Ne doivent-ils pas en même temps à l'esclavage une grande prépondérance politique, puisque pour chaque nègre ils ont droit à trois cinquièmes de voix en sus de leur propre vote de citoyens ?

Avec toutes leurs excellentes qualités, leur intelligence, leur ambition, leurs privilèges politiques, leur esprit de corps, on pourrait croire que les créoles dépassent les *Yankees* en civilisation et réussissent mieux dans les carrières de l'industrie, des lettres ou des arts. Il n'en est rien cependant, et l'on peut s'étonner à bon droit du néant de cette société qui possède de si magnifiques éléments de progrès. C'est l'arbre immense, à la puissante écorce, mais intérieurement tout rongé par les vers. Malgré leur vaste territoire [6], malgré le grand nombre d'hommes intelligents qui les représentent, les états du sud reçoivent en toutes choses l'impulsion ; ils obéissent au contre-coup des mouvements politiques, religieux et industriels du nord. Presque tous les écrivains, tous les artistes des États-Unis sont nés dans les provinces septentrionales ou du moins y viennent résider ; sur sept inventions ou perfectionnements soumis au bureau des brevets, six sont dus à des industriels *yankees*.

Afin de prouver l'incontestable supériorité des états libres sur les états à esclaves, il ne sera pas inutile de donner ici quelques résultats statistiques, malheureusement déjà anciens, puisque le dernier recensement publié date de l'année 1850. En 1790, le nord avait une population de 1,968,455 habitas, et la population du sud était de 1,961,372 âmes ; l'égalité était donc presque complète entre les deux sections de la république. En 1850, les états à esclaves, auxquels s'étaient ajoutés dans l'intervalle la Louisiane, la Floride et le Texas, avaient une population de 9,612,769 habitants, dont 6,184,477 libres, tandis que les états du nord, sans aucun accroissement de territoire, offraient déjà une population, de 13,434,922 hommes libres. La moyenne des habitants était au nord, de 9 par kilomètre carré ; au sud, elle était deux fois moindre. Les statistiques prouvent aussi que le travail soi-disant gratuit, des esclaves est au contraire plus cher, que celui des hommes libres, puisqu'à égalité de dépenses il produit beaucoup moins. Ainsi l'hectare de terre cultivée (*improved*) vaut dans le nord de trois à quatre fois plus que dans le sud ; bien que les états à esclaves possèdent un territoire essentiellement agricole, les terrains cultivés y représentent une valeur de 5 milliards 1/2 seulement, tandis que les cultures des états libres sont évaluées à 10 milliards. 700 millions. Pour les manufactures, l'écart est encore bien plus considérable : le capital industriel du sud d'élève à 500 millions à peine, tandis que celui du nord atteint environ 2 milliards 1/2. ; les manufactures du seul état de Massachusetts dépassent en importance celles de tous les états à esclaves réunis. De même aussi le tonnage des navires appartenant aux armateurs du Massachusetts est plus considérable que le tonnage de toute la flotte commerciale du sud ; l'état du Maine construit quatre fois plus de navires que tous les habitants riverains des côtes méridionales, et New-York à lui seul fait un commerce extérieur deux fois plus important que celui de tous les états à esclaves réunis ; quant au trafic intérieur, il est favorisé dans le nord par quatre fois plus de lignes ferrées que dans le sud. Supérieurs par le travail et tous les produits du travail, les Américains des pays libres sont également supérieurs par l'instruction : ainsi, en l'année 1850, les écoles du nord étaient fréquentées par 2,769,901 enfants, celles du sud par 581,861 élèves, cinq fois moins environ ; le nombre de ceux qui ne savaient pas lire était, au sud, d'un habitant sur 12 ; en-deçà de l'Ohio, elle était d'un sur 53. Le seul état de Massachusetts publiait presque autant de journaux et de livres que tous les états méridionaux réunis. D'ailleurs la supériorité du territoire de la liberté sur celui de l'esclavage est bien indiquée par la direction du courant d'émigration qui se porte d'Europe aux États-Unis. À peine quelques milliers d'hommes débarquent-ils chaque année à la Nouvelle-Orléans ; et le plus souvent, ils ne font que traverser cette ville pour remonter au nord vers Saint-Louis, Saint-Paul ou Chicago.

Quelle ne serait point encore cette infériorité des états à esclaves, si les planteurs n'avaient pas le monopole de la fibre végétale si essentielle à la prospérité industrielle et commerciale de l'Angleterre ! Mais ils n'ont pas fait un pacte avec la fortune, et tôt ou tard leur pays peut cesser d'être le seul grand marché producteur du coton. *Cottonis king* ! disent orgueilleusement les propriétaires

Élisée Reclus

d'esclaves, et tant que le coton nous appartiendra, nous dicterons nos conditions à nos acheteurs, nous serons les souverains commerciaux de l'Angleterre. Le coton, il est vrai, n'est pas le produit agricole le plus important du territoire si fertile de la, république : il vient après le maïs, le foin et le blé, que l'on cultive surtout dans les états du nord, il n'occupe environ que le dix-huitième des campagnes mises, en culture ; mais les planteurs américains n'en ont pas moins le monopole de ce produit, et ils gouvernent le marché du monde ; les quatre cinquièmes de leur récolte s'exportent en Europe, et les cinq septièmes environ en Angleterre [7]). Tous les autres pays producteurs de coton, les Indes orientales et occidentales, le Brésil, l'Égypte, les côtes de Guinée, fournissent aux industriels anglais à peine un cinquième de ce que leur expédient les seuls planteurs des États-Unis ; un douzième seulement provient des colonies anglaises. Qui ne voit pourtant sur quelles bases fragiles repose cette supériorité des producteurs américains ? Qu'une insurrection servile redoutée à bon droit vienne à éclater, et les champs restent incultes, la graine de coton laisse envoler son duvet à tous les vents, les mille grands navires qui transportaient la précieuse fibre restent inactifs dans les ports ; les fabriques anglaises, ruches immenses où bourdonnaient des cent mille ouvriers, sont en un instant désertes ; cinq millions d'êtres humains qui vivent directement ou indirectement de la fabrication du coton sont jetés en proie à la famine ; les banques se ferment comme les usines, les fortunes les mieux établies s'écroulent, le pain du pauvre et les millions du riche s'engouffrent en une même banqueroute. Dans le monde entier, le commerce et l'industrie s'arrêtent, et des années s'écoulent peut-être avant que les peuples n'aient repris leur équilibre.

Heureusement les Anglais connaissent le danger et mettent tout en œuvre pour le conjurer. C'est pour assurer à leur patrie de nouveaux marchés producteurs qu'ils travaillent avec une activité fébrile à la construction des chemins de fer de l'Hindoustan, que la *Pleiad* a remonté le Niger et la Tchadda, que Livingstone pénètre dans l'intérieur de l'Afrique. Il faut qu'une moitié de l'univers, les rayas de l'Inde, les colons de Queensland, les nègres encore barbares du Zambèze et du Shirwa, les sujets du roi de Dahomey, les fellahs d'Égypte, les Siciliens et les Napolitains, qui viennent à peine

2. Les planteurs et les abolitionnistes

de secouer le joug, il faut que tous cultivent le précieux cotonnier ; sinon l'Angleterre est à la merci d'une insurrection d'esclaves, elle est chaque jour à la veille de sa ruine. Si les Anglais, avec leur indomptable énergie et leur merveilleux esprit de suite, atteignent le but qu'ils se proposent, s'ils réussissent à créer aux quatre coins du monde des marchés producteurs de coton, s'ils parviennent surtout à remplacer avantageusement le coton par quelques-unes de ces fibres textiles que produisent les Indes, alors ils suspendront à leur tour sur la tête des planteurs une menace de ruine et de désolation. Or, si les propriétaires d'esclaves en arrivent à ne plus vendre leurs produits, « si la-valeur du travail servile se réduit à néant, l'émancipation devient inévitable. » C'est un gouverneur de la Caroline du sud, M. Adams, qui s'exprime ainsi.

On a vu que toute insurrection spontanée de la part des esclaves est très improbable ; mais si quelque étincelle partie du Kansas devait allumer une guerre de frontières, les dangers des planteurs augmenteraient journellement. Les esclaves fugitifs, aujourd'hui traqués dans les forêts, les milliers de nègres libres exilés dans les états du nord pourraient se réunir, s'organiser en corps francs, et, suivant le plan de John Brown, se jeter dans les défilés des Alleghanys, ces chaînes parallèles qui traversent les états à esclaves du nord au sud sur une longueur de 3,000 kilomètres et par leur sextuple muraille partagent l'empire des planteurs en deux régions distinctes. Fortifiés dans ces citadelles de rochers, les nègres donneraient asile à tous les mécontents, recruteraient leur armée parmi ces deux cent mille affranchis que l'inflexible cruauté des législateurs du sud a condamnés à un nouvel esclavage, organiseraient leurs bandes d'invasion, et bientôt, grâce à la contagion de l'exemple, si facile à déterminer chez la race nègre, soulèveraient la plus grande partie de la population esclave. Quelques mois suffiraient pour changer les serviteurs doux et tranquilles en ennemis implacables ; les maîtres confiants la veille, se réveilleraient au milieu des flammes de l'incendie, ils ne se trouveraient plus en présence d'esclaves, mais en face d'hommes libres, et des deux côtés la guerre deviendrait une guerre d'extermination. Et quand même l'insurrection ne se propagerait pas et se bornerait à des incursions sur les frontières, l'institution de l'esclavage n'en serait pas moins gravement compromise. Lorsque les campagnes sont ravagées par l'ennemi, lorsque les travaux paisibles des champs sont forcément interrompus, lorsque les fortunes périclitent ou changent de mains, les nègres, qui font eux-mêmes partie de la fortune immobilière et sont une simple dépendance du sol, perdent leur valeur, et le maître obéit à son intérêt, qui lui commande impérieusement de s'en débarrasser, afin de ne pas augmenter ses charges tout en augmentant les dangers de sa position. C'est pour cette raison que, pendant les guerres civiles de l'Amérique espagnole, presque tous les noirs ont été libérés. Quand la terre est en friche, l'esclave est libre. Les planteurs le savent ; ils savent que le moindre soulèvement les menace de ruine, ils n'oublient point que la tentative de John Brown, tentative qui n'a pas même réussi à provoquer une insurrection, a coûté près de 5 millions à l'état de la Virginie. Pour conjurer le danger, ils redoublent de sévérité, et par cela même s'exposent encore davantage ; leurs terreurs ne peuvent servir qu'à augmenter l'audace des esclaves. Ils tournent dans un cercle vicieux. La paix est absolument nécessaire à leur salut, et afin de conserver cette paix, ils sont obligés de prendre des mesures tellement violentes, que l'insurrection devient de jour en jour plus inévitable. Avec quel effroi ne doivent-ils pas envisager ce peuple d'esclaves qui multiplie si rapidement, qu'avant la fin du siècle il comptera peut-être vingt millions d'hommes !

Désormais tous les progrès que les états du sud pourront réaliser tourneront fatalement contre les esclavagistes. Ainsi le lancement des bateaux à vapeur sur tous les cours d'eau, la construction des chemins de fer et la suppression des distances, qui en est la conséquence inévitable, rendent les voyages toujours plus nécessaires au planteur ; malgré lui, il se voit souvent obligé d'emmener quelques esclaves et de mobiliser ainsi ces *immeubles*, qui devraient rester attachés au sol. En suivant son maître, le pauvre Africain voit de nouveaux pays ; son intelligence et sa curiosité s'éveillent, il peut rencontrer des esclaves mécontents, des nègres qui ont autrefois connu la liberté ; il entend, sans en avoir l'air, les discussions orageuses qui roulent sur la terrible question de l'esclavage, il recueille comme une perle précieuse un regard de commisération jeté sur lui par un voyageur européen. Aussi bien que la facilité sans cesse croissante des déplacements, l'industrie commence à détacher çà et là les esclaves de la glèbe. On construit des fabriques dans les états du sud, le Kentucky, la Géorgie, le Tennessee. En outre, l'agriculture se rapproche de plus en plus de l'industrie, l'emploi des grandes machines agricoles se généralise, des usines considérables s'élèvent au milieu de toutes les principales plantations du sud. Dans le sillon, l'esclave n'est qu'une partie de la glèbe qu'il cultive ; en devenant ouvrier, mécanicien, il monte en grade, il se mobilise un peu. Fréquemment loué par son maître à un autre planteur ou à quelque industriel, il essaie de se retrouver lui-même dans ce changement de servitude, il élargit un peu le cercle de ses idées, et l'horizon s'étend devant ses yeux, Au champ, il ne voyait travailler autour de lui que ses compagnons d'esclavage, tandis que dans l'usine il se trouve forcément en contact avec des blancs qui travaillent comme lui, il établit plus facilement la comparaison entre ces hommes superbes et sa propre personne ; les vues ambitieuses, le désir de la liberté germent plus aisément dans son esprit. Quand il conduit la locomotive fumante et lui fait dévorer l'espace, il est impossible qu'il ne se sente pas fier de pouvoir dompter ce coursier farouche ; il n'est plus un bras, — une main (*hand*), comme disent les planteurs, — il est aussi une intelligence et peut se dire l'égal de tous ces blancs qu'emporte le convoi roulant derrière lui. Ainsi les propriétaires d'esclaves font preuve d'inintelligence politique quand ils s'applaudissent de voir des chemins de fer se tracer, des fabriques s'élever dans leurs états : ils ne comprennent pas que l'industrie, en mobilisant et en massant les travailleurs, les rend beaucoup plus dangereux qu'ils ne l'étaient épars dans les campagnes. Les progrès envahissants du commerce, menacent également les planteurs en arrachant à la glèbe un grand nombre d'esclaves. Afin de prévenir ce danger, il est interdit à tout blanc d'employer en qualité de commis un nègre ou une personne de couleur esclave ou libre ; mais cette défense est sans cesse violée par les intéressés : le commerce et l'industrie ne peuvent être arrêtés par les lois, ils marchent sans cesse, irrésistibles, inexorables, apportant avec eux l'émancipation des hommes.

Les nègres aussi apprennent chaque jour davantage : c'est là le fait le plus fécond en résultats importants. Par leur cohabitation forcée avec des hommes plus intelligents qu'eux, ils apprennent, ils étudient, ils se préparent à une forme de civilisation supérieure ; il se peut même qu'au point de vue moral le spectacle d'un peuple

Élisée Reclus

libre contre-balance chez eux les effets délétères de la servitude. Malgré les lois sévères qui défendent d'enseigner la lecture à un esclave, le nombre de ceux qui savent lire augmente incessamment. Ici c'est un nègre intelligent qui, ayant trouvé le moyen d'apprendre à lire dans une ville du nord, enseigne ce qu'il sait à tous ses compagnons de travail. Ailleurs c'est une jeune créole, qui, dans ses moments d'ennui, se donne innocemment le plaisir de montrer l'alphabet à sa domestique favorite, de même qu'elle fait répéter de jolies petites phrases à son perroquet. Ailleurs encore c'est un maître, imbu de principes d'humanité supérieurs à ceux de ses voisins, qui veut s'attacher fortement ses esclaves en les élevant à la dignité d'hommes, et viole ouvertement la loi en leur donnant une véritable instruction. Ainsi l'évêque Polk, propriétaire de plusieurs centaines d'esclaves groupés sur une des plus magnifiques plantations de la Louisiane, a fait enseigner la lecture à tous ses nègres, au grand scandale de tous ses confrères, planteurs expérimentés.

J'ai vu dans une des plantations du sud un type remarquable de ces nègres qui ont su acquérir une grande influence sur leurs compagnons, et, le jour d'une révolte, seraient certainement proclamés rois par la foule des esclaves. Pompée avait des formes athlétiques, et sans peine il soulevait l'enclume de sa forge ; mais il était d'une douceur à toute épreuve, et comme un lion conduit en laisse, obéissait sans hésitation à tous les ordres de sa femme. Il avait pourtant conscience de sa force physique et de sa valeur morale, mais il n'en abusait jamais, et, se contentant, de donner des conseils à ses camarades, il ne les dirigeait que par la persuasion. La nécessité de ruser avec ses maîtres pour se garantir des coups de fouet lui avait donné une figure pateline et des paroles mielleuses lorsqu'il se trouvait en présence d'un blanc ; mais avec les siens il devenait lui-même et reprenait sa physionomie franche,et ouverte. Homme d'une grande intelligence et d'une merveilleuse force de volonté, il avait appris à lire tout seul en étudiant la forme des lettres gravées par l'économe sur les boucauts de sucre et en épelant les noms peints sur les tambours des bateaux à vapeur qui descendent et remontent le Mississipi. Devenu assez habile pour lire couramment, il avait pu se procurer une bible par l'intermédiaire d'un colporteur, et il passait une partie de ses nuits à donner des leçons de lecture aux autres nègres et à leur tenir des discours révolutionnaires appuyés sur l'autorité du texte redoutable. Surpris deux fois et deux fois fustigé, il avait vu sa bible disparaître dans les flammes, brûlée par la main du maître ; mais il avait su s'en procurer une autre, et son œuvre de propagande n'avait rien perdu de son activité. Pompée étant un de ces nègres rares qui savent un grand nombre de métiers et travaillent également bien dans les champs, dans un atelier ou dans une usine, le maître n'avait pas eu le courage de s'en défaire, mais il ne perdait jamais une occasion de l'humilier aux yeux des autres nègres. L'esclave recevait tous les châtiments avec un visage impassible, et si quelque pensée de vengeance s'agitait dans son cœur, il savait bien la cacher à tous les yeux. Ce sont des nègres comme Pompée qui disent à leurs compagnons d'esclavage de se tourner vers le nord, d'où viendra la liberté. Malgré la bonne garde qu'on fait autour d'eux, ils apprennent, on ne sait comment, tous les détails de la lutte qui existe entre le nord et le sud ; ils connaissent le nom de John Ossawatomie Brown, et répètent à leurs enfants qu'avant de monter à l'échafaud, le héros se pencha sur le nourrisson d'une esclave pour lui donner son dernier baiser.

Parmi les dangers qui menacent l'institution de l'esclavage, il en est qui viennent des planteurs eux-mêmes, et ce ne sont pas les moins redoutables. Le rétablissement de la traite crée des intérêts tout à fait différents aux propriétaires de la Virginie, du Maryland, du Kentucky, et à ceux des états méridionaux. De là une cause grave de dissentiments et la principale raison de la scission opérée entre les deux grands partis esclavagistes : les démocrates modérés et les mangeurs de feu (*fire-eaters*). Les planteurs de la Louisiane, de la Géorgie, de la Floride, exigent le rétablissement officiel de la traite, qui leur donnera des nègres à 200 ou même à 150 dollars par tête. Les Virginiens au contraire voudraient continuer à vendre leur marchandise humaine à un prix dix fois plus élevé. Si la traite recommence sur une grande échelle, ils sont obligés de vendre leurs nègres à perte ; ils ne peuvent plus soutenir la concurrence commerciale ni avec les états libres ni avec les états à esclaves, et l'aristocratie virginienne est forcée de laisser le champ libre aux abolitionistes. En prévision de la baisse inévitable du prix des nègres, l'exportation humaine du Missouri, du Kentucky, de la Virginie et des autres états éleveurs fait diminuer sans cesse la population noire au profit de la population blanche, et tend de plus en plus à transformer ces pays en états libres. Déjà plusieurs cantons virginiens, limitrophes de la Pensylvanie et de l'Ohio, tels que l'important district de Wheeling, ne possèdent plus un seul nègre. Lors des récentes élections, le parti républicain fut sur le point de l'emporter dans l'état à esclaves du Delaware.

S'ils perdent ainsi un terrain considérable du côté du nord, les planteurs peuvent-ils du moins espérer l'extension de leur domaine vers l'ouest et vers le sud ? Une des nécessités vitales de l'esclavage est d'accroître son empire ; les propriétaires de nègres ne peuvent jouir en paix de leur autorité qu'à la condition de faire participer à leurs vues un nombre d'hommes toujours plus considérable. Pendant plusieurs années, tout leur a souri : ils ont annexé le Texas, le Nouveau-Mexique ; ils ont fait voter la loi sur l'extradition des nègres fugitifs ; ils ont, en violation du compromis, engagé la lutte du Kansas. Là s'est arrêté leur triomphe. Par trois fois ils ont fait attaquer l'île de Cuba, qui leur semble devoir être plus sûre dans leurs mains que dans celles de l'Espagne ; mais leurs attaques ont misérablement échoué, et les maîtres espagnols, menacés dans leur indépendance nationale et dans leurs propriétés, seront peut-être obligés de se faire abolitionistes à leur tour. Les esclavagistes font aussi menacer les Antilles libres par leurs journaux, et déclarent qu'à la première guerre ils donneront aux noirs de ces îles à choisir entre l'esclavage et la mort [8] ; mais la république d'Haïti, qui depuis plus d'un demi-siècle préparait le pénible enfantement de sa liberté, entre maintenant dans une ère de progrès, et forme avec les autres Antilles libres un double rempart d'îles et d'îlots opposant une barrière infranchissable à la propagation de l'esclavage américain. Bien souvent aussi les propriétaires d'esclaves ont réclamé l'annexion du Mexique et de l'Amérique centrale, pu trente millions de nègres au moins pourraient travailler au profit de maîtres blancs. En annexant ces contrées, les esclavagistes y ramèneraient à la fois la paix et la servitude, comme ils l'ont fait dans le Texas ; ils formeraient un vaste empire qui leur donnerait la clé de deux continents et la suprématie sur deux mers ; du haut de leur citadelle de l'Anahuac, ils pourraient longtemps braver toutes les attaques de la liberté. Malheureusement pour eux, le flibustier Walker n'a point réussi dans son entreprise de conquête, souvent réitérée, et, malgré leurs dissensions intestines, les huit millions de Mexicains se refusent unanimement à l'introduction des esclaves. En outre les puissants états libres de la Californie et de l'Orégon, fondés sur les rivages du Pacifique, rétrécissent encore le cercle de feu autour du territoire de l'esclavage.

Ce serait une erreur de croire que les adversaires des planteurs habitent seulement les états du nord, les Antilles et l'Amérique espagnole ; les ennemis les plus redoutables de l'*institution domestique* résident dans les états à esclaves ; à côté même des plantations, et leur silence contenu les rend d'autant plus dangereux. Les quatre millions d'esclaves de la république appartiennent à trois cent cinquante mille propriétaires environ [9], c'est-à-dire à une infime minorité des habitants du sud ; et ce nombre reste stationnaire ou même tend à diminuer, tandis que la population noire et celle des *petits habitants* augmentent chaque année dans une très forte proportion. La valeur des esclaves de prix s'élève tellement que les riches seuls peuvent en faire l'acquisition ; les propriétaires moins favorisés achètent quelques travailleurs de rebut, et les produits qu'ils obtiennent se ressentent nécessairement de leur pauvreté, car les cultures industrielles de l'Amérique demandent, comme nos fabriques, d'Europe, un nombre considérable de bras. Après une lutte ruineuse, les petits cultivateurs sont donc obligés de vendre esclaves et champs et de se ranger parmi les prolétaires. Tandis que dans le nord les propriétés se multiplient à l'infini comme en France, les vastes domaines du sud tendent à s'agrandir de plus en plus, et les petits habitants sont obligés les uns après les autres de reculer devant les riches planteurs, suivis de leurs troupeaux de noirs. L'institution de l'esclavage produit aux États-Unis les mêmes résultats sociaux que le ; majorât en Angleterre ; A peine la culture a-t-elle eu le temps de conquérir le sol des terres vierges que déjà les petites fermes sont absorbées par les grandes propriétés féodales. Dans la plupart des comtés agricoles, la population blanche diminue constamment, pendant que la population noire augmente, et l'on cite un propriétaire possédant à lui seul un peuple de huit mille esclaves. La remarque si vraie de Pline, *latifundia perdidere Italiani*, menace de s'appliquer un jour parfaitement aux états du sud.

Dépouillés de la terre, les petits habitants tombent dans une situation déplorable. Ils sont libres, ils sont citoyens, ils peuvent être nommés à toutes les fonctions publiques, ils ont le droit inaliénable de molester les nègres libres, mais ils sont pauvres et comme tels méprisés. Aucune expression ne saurait rendre le superbe dédain avec lequel les créoles louisianais parlent des *Cadiens*, pauvres blancs ainsi nommés parce qu'ils descendent des Acadiens exilés dont Longfellow a conté la touchante histoire dans son poème d'*Evangeline*. D'autres, auxquels on donne à tort le même nom, sont les petits-fils des esclaves blancs, pour la plupart d'origine allemande, qu'on vendait autrefois sur les marchés du sud. Les Cadiens habitent des cabanes assez misérables ; ils n'osent pas travailler la terre, de peur de se ravaler au niveau des nègres, et par un amour-propre mal placé, mais bien naturel dans un pays d'esclavage, ils cherchent à prouver la pureté de leur origine par la paresse la plus sordide. Cependant ils n'échappent pas au mépris des nègres eux-mêmes, qui voient la pauvreté de ces blancs avec une satisfaction contenue. Ainsi condamnés à l'oisiveté, par leur dignité de race, placés entre le mépris des grands propriétaires et celui des esclaves, ces petits habitants ont l'âme rongée par l'envie et nourrissent contre les planteurs une haine implacable, à demi cachée sous les formes d'une obséquieuse politesse. Plusieurs même ne craignent pas d'exprimer hautement leurs vœux en faveur d'une insurrection d'esclaves, et ceux d'entre eux qui émigrent dans les états du nord deviennent les ennemis les plus acharnés de l'esclavage, non par amour des noirs, mais par haine des maîtres ; c'est même en partie à l'opposition de ces plébéiens que l'état du Missouri doit le fort parti abolitioniste qui balance, dans la législature le pouvoir des planteurs patriciens. Les riches propriétaires du sud n'ignorent point qu'ils ont tout à craindre de cette plèbe envieuse qui voit passer avec dépit leurs fastueux équipages ; mais les institutions républicaines des états et la crainte d'une insurrection immédiate les empêchent de prendre des mesures pour éviter le danger. Quoi qu'ils fassent, ils ne sauraient trop redouter l'avenir, car, dans les états du sud, six millions de blancs, loin d'avoir aucun intérêt à maintenir l'esclavage, ont leur politique toute tracée dans le sens contraire : sous peine de devenir esclaves eux-mêmes, il faut qu'ils résistent aux empiétements des trois cent cinquante mille propriétaires féodaux, ou bien qu'ils abandonnent

2. Les planteurs et les abolitionnistes

leur patrie. N'osant résister, nombre d'entre eux préfèrent s'exiler. Le recensement de 1850 a montré que 609,371 hommes du sud étaient venus s'établir dans le nord, tandis que seulement 206,638 personnes nées dans les états libres avaient émigré vers le sud ; eu égard à la différence des populations respectives, c'est dire que la terre d'esclavage repousse hors de son sein six fois plus de blancs qu'elle n'en attire. Les planteurs font le vide autour d'eux, tandis que la liberté entraîne dans son tourbillon tous les hommes de travail et d'intelligence.

On se demande avec anxiété si la scission depuis si longtemps annoncée par les états à esclaves et faite en partie par la Caroline du sud deviendra définitive, ou bien si tout se bornera de la part des esclavagistes à de vaines rodomontades. Nous doutons fort qu'une scission politique sérieuse puisse avoir lieu, car les états du sud, auxquels ne s'allieraient en aucun cas les républiques du centre, le Kentucky, le Maryland, la Virginie, sont trop faibles et trop pauvres pour se passer de leurs voisins du nord. Quand même ils sauraient improviser un budget, une armée disciplinée, une flotte commerciale, une marine de guerre, sauraient-ils se donner l'industrie qui leur manque ? sauraient-ils se créer les innombrables ressources qu'ils doivent aujourd'hui à l'esprit ingénieux des *Yankees* ? sauraient-ils même se nourrir sans les farines, le maïs, la viande que leur expédient les villes du nord ? Une scission politique et commerciale absolue, celle que les Caroliniens du sud font semblant de proclamer, serait immédiatement suivie d'une effroyable famine.

Mais que la séparation entre les deux groupes d'états soit ou ne soit pas officiellement proclamée dans un avenir plus ou moins rapproché, on peut dire que la scission existe déjà. Les deux fractions ennemies n'ont plus rien de commun, si ce n'est le souvenir des guerres glorieuses de l'indépendance, les noms immortels de Washington et de Jefferson, les grandes fêtes nationales et l'orgueilleuse satisfaction de porter le nom d'Américains. L'opposition des intérêts les sépare, les défis se croisent sans cesse au-dessus des eaux de l'Ohio et du Missouri ; des bandes armées par chaque parti, ont fait du Kansas un champ de bataille ; le sang coule dans les plantations du Texas ; cent mille hommes de couleur, chassés de leur patrie, prennent le chemin de l'exil ; des boucaniers organisent la chasse au nègre ou même au blanc, et plus d'une fois des enfants

Élisée Reclus

de race anglo-saxonne ont été vendus sur les marchés du sud ; les faits de meurtre, de vol, de rapine, se succèdent sans interruption, et l'esprit public est toujours tenu en haleine par quelque horrible aventure. Telle est la paix qui règne entre les habitants du nord et ceux du sud. Les législatures elles-mêmes, peu soucieuses de leur dignité, s'envoient défis sur défis. Le gouverneur de la Géorgie propose de considérer comme nulles les dettes que des Géorgiens pourraient contracter envers des citoyens d'un état libre où des abolitionistes se seraient rendus coupables d'une abduction d'esclave. La législature de la Louisiane vote ironiquement la déportation, dans l'état abolitioniste du Massachusetts, de tous les nègres convaincus de meurtre. Pendant le procès de John Brown, de nombreux esclavagistes, — parmi lesquels une femme, — réclament la faveur de servir de bourreau, et divers états du sud se disputent à l'envi le privilège de fournir le chanvre qui pendra l'abolitioniste vaincu ; la Caroline du sud remporte le prix et s'en fait gloire. En Virginie, une convention s'assemble pour délibérer sur le genre de vengeance qu'il s'agit d'exercer contre les états républicains. Les gouverneurs de l'Ohio et de la Virginie, MM. Chase et Wise, menacent de se déclarer la guerre pour leur propre compte. Dans le sud, les employés de la poste, obéissant à la circulaire du directeur-général Holt, refusent d'expédier et brûlent même les exemplaires des ouvrages abolitionistes qu'ils reçoivent. Des assemblées de planteurs réclament tumultueusement l'expulsion de tous les étrangers, quelles que soient leur origine et leurs occupations, la cessation totale du commerce avec les états du nord, la rupture sociale absolue avec ces compatriotes ennemis. Un des principaux journaux de la Virginie offre 25 dollars par tête de membre abolitioniste du congrès et 50,000 dollars pour celle du sénateur Seward ; des assemblées publiques, des comités de vigilance des Carolines, de la Louisiane, du Mississipi, mettent également à prix les têtes de leurs ennemis les plus redoutés ; un gouverneur même, M. Lumpkin, de la Géorgie, offre 5,000 dollars pour *un certain* Garrison, éditeur du journal *the Liberator*. Dernièrement à Richmond, la foule essaie de saisir le correspondant du journal la *Tribune* jusque dans le cortège du prince de Galles. Bien plus, le principal organe de la Virginie, le *Richmond Enquirer*, au risque d'être signalé comme ouvertement coupable de haute trahison envers la patrie, propose une alliance offensive et défensive avec la France contre les états du nord ; il ne doute pas qu'en échange de la liberté absolue du commerce, la France ne consente à prêter sa flotte et ses armées pour le maintien de l'esclavage ! De leur côté, le Massachusetts et neuf autres états libres votent solennellement des lois qui abrogent celle du congrès sur l'extradition des esclaves fugitifs, et punissent de deux à quinze ans de prison et de 1,000 à 5,000 dollars d'amende tout officier fédéral coupable d'avoir fait exécuter la loi de la république. Le congrès lui-même est un champ clos où les partis ne s'occupent que de la question qui les divise, écartent toute discussion qui n'a pas rapport à ce redoutable fait de l'esclavage, laissent en souffrance les services publics, et parfois même n'ont pas le temps de voter le budget fédéral. Dans le sénat, un membre de ce corps auguste frappe un abolitioniste à coups de bâton et le renverse aux applaudissements sauvages de ses amis, puis il donne fièrement sa démission et revient siéger triomphalement, réélu par acclamation. La scission, même avouée, pourrait-elle être plus complète, et la Caroline du sud avait-elle besoin de déchirer le drapeau fédéral ?

Tout semble donc annoncer que la crise dont nous venons de montrer la gravité approche de son dénoûment. Espérons que la réconciliation s'opérera par des moyens pacifiques. Déjà dans les républiques hispano-américaines l'union s'est accomplie entre les trois races ; le blanc, le rouge, le noir, et les innombrables métis issus de leurs croisements sont frères et concitoyens ; les indigènes jadis maudits et les conquérants qui s'étaient arrogé la spéciale bénédiction du ciel se sont réconciliés, et ne forment plus qu'un peuple turbulent, comme le sont tous les peuples jeunes, mais plein d'avenir et d'espérances. Et cependant ces sociétés latines ont, comme la société anglo-américaine, inauguré leur vie politique par l'extermination des peaux-rouges et la mise en servitude des noirs d'Afrique. N'est-il pas légitime d'espérer que les états du sud finiront par suivre ce noble exemple ?

Une fois vaincu, l'esclavage laissera le champ libre à l'esprit intrépide et victorieux qui a rendu les républiques de la Nouvelle-Angleterre si justement chères aux amis de la civilisation. Alors l'arbre de liberté portera ses fruits, et le monde verra ce que peut réaliser dans les sciences, les arts et l'économie sociale une répu-

Élisée Reclus

blique vraiment démocratique lancée dans la voie des améliorations de toute espèce avec cette fougue qui distingue le génie américain. Il serait difficile déjà de trouver dans aucune autre partie de la terre des sociétés moralement supérieures à. celles du Vermont, du Massachusetts, du Rhode-Island, du New-Hampshire. La majorité des hommes qui les composent ont la conscience de leur liberté et de leur dignité ; l'instruction est générale, l'esprit d'invention est surexcité au plus haut degré, l'amour des arts se développe, toute œuvre recommandable est soutenue avec une générosité sans exemple ; le progrès en toutes choses est devenu le but général. Et ce que la liberté a produit dans ce coin de la terre, elle le produira, nous n'en doutons pas, dans la vaste république anglo-saxonne, lorsque le crime de l'esclavage sera expié, et que le noir, enfin délivré de ses chaînes, pourra presser dans sa main la main de son ancien maître.

Notes

1.   Voyez Bancroft, History of the United States, vol. II, pages 99-106.

2.   Il est vrai que, pour mieux conquérir le respect des Américains, les Indiens se sont faits, eux aussi, propriétaires, d'esclaves. Les Cherokees, établis à l'ouest de l'Arkansas, possèdent plus de deux mille nègres.

3.   Voyez Dahomey and the Dahomans, by Frederick E, Forbes, London 1851.

4.   On attribue en général au souvenir d'affronts de cette espèce le refus opposé par Kamehameha IV à la ratification du traité de cession des îles Sandwich qu'avait conclu son père. Voyageant dans la république américaine en sa qualité de prince royal, on lui défendit en plusieurs villes de s'asseoir à la même table que les citoyens de l'Union.

5.   D'après le recensement de 1850, sur une population de 196,016 personnes de couleur habitant le nord, 22,043, plus d'un neuvième, fréquentaient les écoles. Pour les blancs du sud, la proportion est de moins d'un dixième. Dans le Massachusetts, la population de couleur envoie aux écoles un sixième de son effectif : c'est dire que les nègres libres de cet état n'ont rien à envier à la Prusse sous le rapport de l'instruction élémentaire.

6.   La superficie des états à esclaves est de 2,184,399 kilomètres carrés, tandis que les états libres, y compris la Californie, ont une sur-

face de 1,586,602 kilomètres carrés, les trois quarts seulement de celle des états du sud.

7.   L'Amérique expédie en moyenne chaque année au royaume-uni deux millions de balles de coton pesant 560 millions de kilogrammes et représentant une valeur de 750 millions de francs. Ces deux millions de balles de coton sont transformés par quinze cent mille ouvriers en marchandises d'une valeur de 4 milliards de francs.

8.   New-Orleans Daily Delta.

9.   En 1850, le nombre des propriétaires d'esclaves s'élevait à 347,000 ; mais la plupart ne possédaient que deux où trois nègres. Les grands planteurs, ceux qui ont un camp ou hameau peuplé d'esclaves, à côté de leurs demeures, étaient au nombre de 91,000 seulement.

ISBN : 978-1539188483

Élisée Reclus